U0852586

教育
只有一个主题

万 玮 著

中国人民大学出版社
·北京·

目录

下篇　好的教育生态是水土丰美，百花盛开

自 序

“教育只有一个主题，那就是丰富多彩的生活本身。”这些年，英国哲学家、教育家阿尔弗雷德·诺思·怀特海（Alfred North Whitehead）的这句名言一直浮现在我的脑海中，成为指导我校长工作的一条重要准则。

教育要面向现代化，面向世界，面向未来。我们的孩子终将走出校园，走向社会，在世界的大舞台上一显身手，一展风姿。

作家张晓风写过一篇流传甚广的散文《我交给你们一个孩子》，结尾是这样的：“世界啊，今天早晨，我，一个母亲，向你交出她可爱的小男孩，而你们将还我一个怎样的呢！”

看见家长欢天喜地地把孩子送到学校，作为校长，我深切地感受到了同样的期许与嘱托。

“今天你给我一个孩子，明天我还你一个栋梁。”这是许多学校的招生宣传语。但是，我们怎么还世界一个栋梁？如果我们还是依赖过往僵化的经验来设置课程，组织教学，构建管理体系，实施教育，我们的孩子又如何才能适应未来不确定的世界？

教育专家沈祖芸老师说，世界不是按领域划分的，而是由挑战组织起来的。是啊，在生活中，在工作中，我们会面临一个又一个挑战，而在直面挑战的过程中，我们往往没有指导老师，没有标准答案，甚至没有人告诉我们这是挑战，没有人帮我们做结果的评判与过程的复盘。我们没有办法说这个挑战是数学题，那个挑战是语文题，一个挑战可能涉及许多学科的问题，但以往在学校刷了一遍又一遍的学科知识似乎又都用不上。

今天社会对教育的质疑与不满以及教育者自身的迷惘与困惑就源于此。

本书收录的文章大部分是我近三年在不同场合的演讲稿，还有一些是教育自媒体的约稿。这些文章都指向我心中的那个信念："教育只有一个主题，那就是丰富多彩的生活本身。"

美国教育家约翰·杜威（John Dewey）在一百多年前说，教育即生活。我深以为然。生活的世界有多宽广，教育的世界就有多宽广。我自己，永远在学习的路上。

2022 年 2 月

EDUCATION

上篇

让真正的教育在学校里发生

真正的教育是帮助学生从被动发展到主动发展，最后进入自动发展的状态。真正的教育是帮助学生从外在发展到内在发展，最后进入自在发展的状态。真正的教育是帮助学生将兴趣发展成乐趣，最后发展成志趣。

学校教育为什么要创新

我这次跟大家分享的主题是“学校教育为什么要创新”。

一、今天，标准答案显得很“可疑”

夫妻相处彼此欣赏很重要。如果夫妻中有一方在描述另一半时，用的是一种鄙视的口吻，就说明他们之间的关系已经出现了很大的危机。

当年他们刚刚认识时，必定是彼此吸引，感情融洽。生活在一起之后，如果一个人成长速度快，另一个人成长速度慢，久而久之，夫妻之间就会因成长的不同步而出现隔阂。

家校关系和夫妻关系是同样的道理。

30 年前，家校关系不是一个问题，因为家长比较弱势，学校却很强势。如果孩子表现不好，家长可能要被老师叫到学校去训话。现在就不一样了，如果孩子在学校表现不好，老师可能还要担心家长会反过来指责学校。

学者鲍鹏山说，以前老师的苦恼是家长不懂教育，今天老师的苦恼是家长自以为懂教育。以前的家长普遍没有接受过高等教育，相比较而言，教师是肚子里有墨水的，是文化人。现在的家长，至少我工作的上海市民办平和学校（以下简称“平和”）的家长，其学历往往高于教师。

换言之，过去 30 年，家长和教师群体都在成长，但家长的成长速度明显超过教师。我就不止一次地听过家长对标准答案的质疑，对学校教学方式的质疑。其中一个比较典型的疑问是："为什么老师教我儿子的方式跟我小时候老师教我的方式一模一样？这么多年来竟然没有变化！"30 年前，几乎不会有家长质疑标准答案，但今天，那些所谓的标准答案如果被众人放在聚光灯下推敲，都显得很"可疑"。

二、创新的逻辑——"盲端"与"侧枝"

为什么要创新？关于这一点，李善友的一个关于生物进化的论述令人印象深刻。

他认为，在生物进化的过程中，一个物种一旦形成，就不会轻易产生变化。若外部环境发生剧烈变化，整个物种都可能面临灭顶之灾，走向盲端，也就是死路。但新物种并不是无中生有，而是在原有物种的异端和侧枝上自然生长出来的。

在生物进化的历史上，鱼的一个侧枝进化成爬行动物，爬行动物的一个侧枝进化成哺乳动物，哺乳动物的一个侧枝进化成灵长类，灵长类的一个侧枝进化成直立人，直立人的一个侧枝进化成智人。如果生物演化没有基因突变，只有盲端没有侧枝，地球就不会是现在这个样子。

三、创新的阻力——成也萧何，败也萧何

我曾向我们学校的中层干部推荐一本书《创新者的窘境：领先企业如何被新兴企业颠覆？》。

我们知道，企业界的竞争是很残酷的，一家企业由盛到衰的速度往往很惊人。在追问这些企业因何失败的过程中，我们往往只看到技术层面的

原因，而看不到组织层面的原因。

《创新者的窘境：领先企业如何被新兴企业颠覆？》将组织层面的原因归为“价值网络”。这个价值网络是一种结构（我将其理解为“生产关系”），它既能促进生产力的发展，同时也能限制生产力的发展。

一家企业之所以能成功，是因为各种要素组合在一起成为一个系统，保证了原有的技术持续高水准地输出。问题是，这套系统一旦生成，就会扎下根来，不会被轻易打破。但市场是不断变化的，需要新技术的支持，而原有的这套系统很难适应新技术。这套系统就是价值网络。

一位成功的企业家曾经说，宁肯死在改革的路上，也不愿死在成功的基因里。他之所以这么说，就是洞察了这一点。中国睿智的古人早已用一句成语“成也萧何，败也萧何”来描述这一规律。

四、创新的路径——形成“创新小分队”

生物学上有一个“懒蚂蚁效应”。

蚂蚁是高度社会化的动物，令人惊叹的是，虽然蚂蚁个体的智商很低，但蚂蚁群体的智商却很高。一个蚁群常常有多达几十万只甚至数百万只蚂蚁，这些蚂蚁各有分工，统一行动。发现食物后，成群结队的蚂蚁便会一齐出动，将食物运回蚁巢。

生物学家发现，蚁群中总有一些蚂蚁不随大部队行动，而是到处乱逛，生物学家称之为“懒蚂蚁”。这些蚂蚁其实并不懒，它们并不是在偷懒，而是在探索其他食物来源，一旦有所发现，便立刻向“总部”报告。这样，即便一个地方的资源被消耗殆尽，整个蚁群也不会面临断粮的风险。

我将这些懒蚂蚁称为“创新小分队”。

真实世界里的创新面临很大风险，大部分的创新以失败告终，但是处于鼎盛时期的企业，仍应不断地组织一些创新小分队，探索不同的路径，就像蚁群那样，“盛时常作衰时想”。

五、平和在课程体系、管理架构和分校建设方面的探索

在基础教育领域，民办学校是公办学校的一个侧枝，理应成为教育改革与教育创新的先锋。

平和创办于 1996 年，是一所十二年一贯制的寄宿制民办学校。我 1996 年大学毕业后就来到平和工作，从一名普通数学教师、班主任成长为这所学校的校长。

这些年来，平和在以下几个方面进行了探索。

1. 课程体系

平和在一至九年级实施国家课程，十至十二年级引进国际课程。通过多年来的探索，我们逐渐在学校内形成了国家课程和国际课程的有效衔接。

平和招收的是本地学生，实施国家课程既是《中华人民共和国义务教育法》的要求，也符合我们多年来教育实践的认知。选择平和的学生大多要在高中阶段学习国际课程或直接出国读书，因此在义务教育阶段打下扎实的学科基础，尤其是把母语学好，就显得特别重要。

我们的学生要参加中考，因此兼顾中考需求以及与高中国际课程的衔接，就成为平和课程体系建设的重要任务。2016 年我们开始在义务教育阶段实施融合课程，试图在实施国家课程的同时渗透国际课程的先进理念。

我们在课程体系方面的探索，大体来说分为三个方面。

第一是重视艺术和体育。艺术与体育教育看似作用不大，实际上会伴

随人的一生。我们以往并不重视艺术与体育教育，这体现出的是一种教育功利化倾向。平和十分重视艺术与体育教育。平和有一个超过 500 人的学生艺术团，包括交响乐团、民乐团、合唱团、音乐剧社、爵士乐团、管乐团等，每年都会举行新年音乐会与夏季音乐节。校内还有各种体育社团与校队，他们每年都会参加上海国际学校体育运动联盟举办的各种比赛。

第二是奉行全人教育的理念。全人教育把人当作一个有思想、有情感的个体，而不是考试机器；关注人的综合能力，真正以人为本。平和不仅重视培养学生的学术能力，而且关注学生的心理健康、个性特长。学校有一百多个学生自发组织的学生社团。平和的校园文化是“平而不庸，和而不同”，我们提倡培养“五自”精神——自主、自由、自然、自省与自信。平和的学生有一种独特的气质——乐观阳光，多才多艺，善于表达。

第三是改变评价方式。在平和，小学升初中与初中升高中皆有面试，初中升高中的面试尤为重要。那些善于独立思考、兴趣特长突出的学生，即便学科成绩一般，我们也会优先录取。

2. 管理架构

平和的三个学部（小学部、初中部、高中部）是最核心的部门。在过去几年中，我们将校务办、财务室和招生办之外的部门整合成六大中心，分别是课程中心、教师发展中心、文化交流中心、资源配置中心、生活管理中心和膳食中心。

课程中心负责开发学校的课程。课程是学校的核心产品，课程中心类似于企业的研发部门，是学校创新的发动机。这些年，多位博士加盟平和课程中心，校本课程的开发如火如荼。

教师发展中心负责教师的招聘、教师入职后的培训以及在职教师的专业发展。一所好的学校不仅为学生设计课程，也为教师设计课程。平和教师发展中心设计了校内教师专业发展体系，包括教师的校内职称体系、各类教师课程、教师社团、校本课题研究等。

文化交流中心负责运营学校的网站、微信公众号、校友会、“现象”科学人文讲座等。作为一所民办学校，我们也越来越认识到品牌运营的重要性，而品牌的内涵是学校文化，因此，文化交流中心的工作对外是交流，对内是学校文化建设。

资源配置中心负责对校内的各类资源进行整合，为学生和教师提供更好的服务。例如，学生申请与校长共进午餐所涉场地资源问题，通常由资源配置中心统一解决。

平和是一所寄宿制学校，超过一半的学生住宿，食堂也是学校自营，因此我们成立了生活管理中心与膳食中心负责相应的工作。生活管理中心自主开发了“生活成长”系列课程，它不仅负责学生的住宿，更是德育的重要平台。膳食中心负责学生的日常饮食。平和食堂美名远扬，无数平和毕业生离校多年仍对平和食堂的美食念念不忘。

3. 分校建设

从 2016 年开始，平和尝试走出去办学。上海民办光华中学是平和第一所输出管理（即在学校的所有权不变的情况下，平和向其输出管理，比如师资和校长等）的学校。2017 年，上海浦东新区民办筑桥实验小学也交由平和管理。

2018 年 9 月，平和输出管理与品牌的九年一贯制学校上海青浦平和双语学校也成立了。平和的投资方上海金桥（集团）有限公司于 2018 年初成立了上海平和教育发展集团有限公司，以更好地管理这些学校。

我们将这些委托管理学校看成侧校。虽然平和的课程体系已经比较成熟且广受社会好评，但是我们在新学校仍然坚持重新设计课程和管理体系，而不是简单地复制。这个过程虽然艰难，但很有价值。这些委托管理学校虽植根于平和，但却开出了不同的花。而这些学校的参差百态对学校本部也产生了影响，学校整体发展生机勃勃。

六、不变的是寻求突破的心

一位历史学家曾提到自己的启蒙老师，他说永远记得老师第一次给他们讲课的情景。老师问："《三国演义》的第一句话是什么？"学生回答："话说天下大势，分久必合，合久必分。"老师接着问："你们可曾想过为什么？"没有人答得上来。这位历史学家说，在他求学乃至后来的历史研究生涯中，启蒙老师的这个问题一直萦绕在他的心头。他即便现在已成为知名的历史学家，依然在不懈寻找这个问题的答案。

世界如此多变，我们也必须跟上变化的步伐。创新就是变。如果说有一样东西是不变的，那应该是我们永远不甘平庸、寻求突破的心吧。

（2018 年 12 月）

未来的学校什么样

美国教育家约翰·杜威曾说，教育即生活，学校即社会。他在《学校与社会》一书中，明确提出应把学校创造成为一个小型的社会、一个雏形的社会。因此，未来的社会什么样，未来的学校就什么样。

2018 年，吴晓波在一个峰会上做了名为“水大鱼大与企投家时代的到来”的主题分享。他首先回顾了过去：10 年前，没有智能手机，全世界最大的手机制造商是诺基亚公司；10 年前，没有微信，没有微博，没有小米公司，没有共享单车，没有今日头条，没有滴滴打车，没有美团。10 年前很多东西都没有。

吴晓波说，未来 10 年有一件事情肯定会发生，那就是我们今天具备的很多能力，10 年后将不再是能力。

未来不可知，未来也无从预测。如果说未来的学校是一头大象，我所能感觉到的也就是大象的尾巴。或许，连尾巴都是虚幻的。

一、未来的社会

所谓“范式”，是指被普遍接受的理论体系或框架。这个概念是美国科学哲学家托马斯·库恩（Thomas Kuhn）在《科学革命的结构》中提出来的，他说科学革命本质上是一场“范式”转换。量变不会引起质变，

“范式”转换才会带来革命。

如果生活在农业社会的人穿越到现在，定会对现在的世界惊讶不已。唐代诗人宋之问有一首诗《渡汉江》：“岭外音书断，经冬复历春。近乡情更怯，不敢问来人。”今天根本不可能有这种事，亲人间谁还通过书信往来呢？杜甫说“烽火连三月，家书抵万金”。今天远隔重洋的人们可以通过互联网视频通话，成本极低。

人类社会已经从农业社会进入工业社会，工业革命也已发生过三次，如今我们又站在第四次工业革命的门槛前。生活在农业时代的古人无法预测工业时代的生活，生活在工业时代的我们又怎能想象智能时代的生活？

我最近看的一篇文章说中美贸易战的本质是存量竞争。出现存量竞争的原因在于，过去几十年里“范式”没有发生根本的改变。有人认为，过去七十多年人类科技发展大停滞，“低垂的果实”被摘完了，所以大家只能进行存量竞争。

未来可能的“范式”革命有哪些？可控核聚变应该是一个。可控核聚变一旦实现，则遍地是能源，物质将极大丰富。

“范式”革命将会给人类带来很大挑战。在高度城市化的今天，大部分人的工作单位是一个小部落社会，而居住地则完全是一个陌生人社会。由于有网络的连接，每个人又处于一个更大规模的陌生人社会中，这个陌生人社会叫“地球村”。人类的大脑从漫长的小部落社会进化而来，一下子进入大规模的陌生人社会，需要一个艰难的适应过程。

2017 年面世的《爆裂：未来社会的 9 大生存原则》曾非常受关注，这本书提出未来社会的 9 个生存原则，分别是：涌现优于权威，拉力优于推力，指南针优于地图，风险优于安全，违抗优于服从，实践优于理论，多样性优于能力，韧性优于力量，系统优于个体。

这 9 个原则告诉我们，未来我们对社会“范式”的理解需要进行一点儿调整。

二、未来的人才

有很多家长很苦恼：孩子不喜欢弹钢琴，要不要逼他学？我认为，比全面发展更重要的，是“志”和“趣”。如果孩子对学习的内容毫无兴趣，即便孩子最终也“全面发展”了，那也是一种平庸的“全面发展”。

未来人才的特质应是标准化的反面——异质。举个例子，为了完成一项任务，我需要组建一支由 3 个人组成的团队，而这个任务需要 3 项技能才可以完成，那么我的最佳做法是选择分别具备一项技能的 3 个专才，而非找 3 个通才组建团队。这样的团队在每个方面都能达到顶尖水平。

世界上没有两片相同的树叶，每个个体都是异质的，而生命的价值正在于异质。

《爆裂：未来社会的 9 大生存原则》的 9 个原则中，有 3 个原则可用来描述未来的人才。

第四个原则是“风险优于安全”。未来的人才应敢于冒险，不走寻常路，有创新意识和担当精神。

第五个原则是“违抗优于服从”。未来的人才应独立思考，质疑权威；不唯上，不唯书，只唯实。

第八个原则是“韧性优于力量”。抗日战争为什么能取得胜利？一个很大的原因是中国人有韧性，《论持久战》的核心思想就是这个。《未来简史：从智人到智神》的作者尤瓦尔·赫拉利（Yuval Noah Harari）认为，人类有两大优势可以应对未来人工智能的挑战，这两大优势分别是情商与韧性。目前我们看不出人工智能有这两个品质。

三、未来的学校

科学家一直在探索脑机接口技术。这项技术目前已取得了很大进展，如果若干年后相关产品面世，那将会带来社会“范式”的巨大变革！到那时，学生要学什么知识，便可将相关信息直接传输到大脑中，这一过程瞬间就能完成。那么，未来学校存在的意义何在?

20世纪60年代电视制造技术高速发展，学校教育的知识传授功能受到了挑战。然而，事实证明电视最终没有成为教育工具，而成为娱乐工具。互联网的出现同样如此，学校教育的根基并没有松动。

我第一次看到清华大学的校训“自强不息，厚德载物”时就为之着迷。“自强不息”指努力进取，不甘平庸；“厚德载物”是说，如果说每个人是一艘船，那么德行就是这艘船的容量，德行足够多才能承载更多的东西。2006年，在庆祝平和创办十周年时，我接到了一个任务——为校名“平和”作一个诠释。我灵光一闪，想到另外八个字——“平而不庸，和而不同”。我觉得这八个字本质上与清华的校训相通。

学校教育的根本任务是立德树人，学校的价值是培养人。在机器越来越厉害的时候，做机器做不到的事情才能体现出人的价值，体现出学校的价值。

《爆裂：未来社会的9大生存原则》提出的第六个原则是“实践优于理论”。教育是一种实践，比理论要丰富得多，我们很难用理论去概括。教育是鲜活的，是教师与学生面对面完成的，是伴随着思想碰撞的，是理想、情绪、人格、心理的起伏，是场域的联通，是人文的浸润。有人说，私塾教育更能满足个性化需求，灵活度更高，在人格塑造方面更擅长，更能满足未来教育的需求，未来学校教育可能会回归私塾的形态。

今天我们强调终身学习，学校的形态已经发生了改变，出现了一系列新形式的学校。实践是最好的“大学”，生活是最好的“大学”。

《爆裂：未来社会的9大生存原则》提出的第七个原则是“多样性优于能力”。千校一面的局面一定会被历史的尘埃掩盖，各种微型创新学校将遍地开花。我身边的少数朋友甚至让孩子在家学习，我看这些孩子都很优秀，极具个性。如果能满足这些家长诉求的学校出现在北京、上海、广州、深圳等一线城市，应当有很大的生存空间。

四、未来的教师

未来的教师是学生的人生导师，这一点越来越重要。未来的教师将会是一个精英群体，只有精英，才能做教师。

未来的教师对教育充满热忱，他们热爱教育，以育人为乐。为稻粱谋的教师，很轻易就会被人工智能所替代。

未来的教师充满人格魅力。一位教育家说，教育的本质是一棵树摇动另一棵树，一朵云推动另一朵云，一个灵魂唤醒另一个灵魂。这件事事关重大，只能由人格高尚的人去做。

未来的教师极具个性。机器是同质的，人是异质的。机器可以标准化，人只能个性化。正是个性化的生命，构成了这个丰富多彩的世界。

《爆裂：未来社会的 9 大生存原则》提出的第三个原则是“指南针优于地图”。以往，教师是教育的执行者，执行的标准是各种教师手册、教学参考、教育指南。未来，教育的个性化将导致这样的指南和手册不复存在。我们把孩子交给教师后，只规定一个大方向，具体路径将由教师决定，不同的教师一定会走出不同的路径来。学校管理者也只能给教师指出一个大致的方向，如何在各自的学科中实现，则由每一位教师自行探索实践。

五、未来的管理

我做校长的这些年一直在反复思考教育与管理的本质，得出了两个结论。

一是生长。学生要生长，教师要生长，组织本身也要生长。在学校里，教师要退后一步，给学生更大的空间，鼓励自下而上的自我成长；校长要退后一步，给教师更大的空间，鼓励自下而上的自我创新。

二是赋能。管理不仅仅是让员工创造价值，更要让员工个人变得更有价值。学校给教师赋能，教师才能给学生赋能；学校把教师变成更好的教师，学校才能成为更好的学校。给别人赋能，也是给自己赋能。

《爆裂：未来社会的9大生存原则》提出的第一个原则是“涌现优于权威”。学校管理者给教师授权、赋能，学校发展才会更有活力。

《爆裂：未来社会的9大生存原则》提出的第二个原则是“拉力优于推力”。在我看来，推决定下限，拉决定上限。一个孩子如果没有主动的意愿，而是被他人推着学习，是走不远的。好的教育与管理必定能激发人内在的动力，激励是一种拉力。

《爆裂：未来社会的9大生存原则》提出的第九个原则是“系统优于个体”。系统思维是一种战略思维。所谓时势造英雄，时势也是一种系统。人才可遇不可求，好的系统可以激发个体的潜能，使群体的价值远大于个体价值之和。

我的一个朋友说，我们要好好活着，保持健康，也许10年之后，人类的平均寿命就能突破100岁，甚至120岁。我想，如果有一天，人类科技发生了重大的“范式”革命，人可以活得更长久，人生的意义会是什么？生活会是什么样子？那时候的学校是什么样子的？可能我上面讲的这些东西又得推倒重来。

（2019年7月）

教育管理中的生物学思维

一、什么是生物学思维

这两年“生物学思维”这个词比较火。

马化腾曾在一封公开信中提出“灰度法则”这一概念，认为创造生物型组织要像允许进化中的变异一样，允许“不完美”。

今日头条创始人张一鸣说，地球上的物种丰富多样，但背后的规律却非常简洁优雅，我们在设计系统或者看待企业经济系统时，都会有很多可类比的地方。

猎豹移动公司的傅盛则说，公司的本质，不是收入，不是业务，而是基因。

浙江大学教授王立铭在2019年做了一个演讲。在演讲中，他将生物学思维与物理学思维做了一个对比。物理学思维就像盖房子，而生物学思维就像放羊。盖房子虽然复杂，但复杂程度毕竟有限，所有材料、程序都可以分解，每一步都可控。放羊就不同了，一个几十头羊的羊群，其复杂性超出你的想象，谁是头羊、谁和谁交配、何时生小羊、哪只羊会生病等，你完全无法控制，只能等着各种结果自然涌现。

哲学家卡尔·波普尔（Karl Popper）在1966年提出了一个很著名的隐喻：钟与云。他认为，世界上的事物分为两种，一种是钟，一种是云。

钟是精确的，云是多变的。事实上，钟是物理学思维，云是生物学思维。

为什么生物学思维越来越火？因为大家发现，今天我们所处的世界，钟越来越少，云越来越多。

二、教育管理中的生物学思维

我对生物学思维有一些粗浅的理解，想结合学校的教育管理跟大家分享一下。

1. 进化没有方向

进化没有方向，充满混沌与偶然。6500 万年前，若是没有一些突发事件，恐龙可能依然统治着地球。我们今天生活在地球上，也是一个个偶然的独立事件带来的结果。

学校的诞生有一定偶然性，尽管管理者有各种计划、方案，但都抵不过外部环境的变化。有时候，一个新颁布的政策会对整个行业产生重大影响。因此，适应最重要，活下来才有机会。

2. 万物都会生长

据美国《财富》杂志报道，美国中小企业的平均寿命不到 7 年，大企业的平均寿命不足 40 年。中国企业的寿命可能更短。学校的寿命会长一些，但也有很多人发现自己就读过的中小学已不复存在。万物都会生长。生长是一个不可逆的过程，沉浸在回忆中没有任何意义。小时候很美好，回不去了。创业时很美好，回不去了。学校规模小的时候，每个人我都认识；但 150 人是一个分水岭，今天学校里的很多老师我都似曾相识，却叫不出名字。

少年有少年的烦恼，中年有中年的问题。盛极而衰，否极泰来。如果真的老了，就平静面对死亡。地球照样转动，太阳依然升起，过去再辉煌，也会很快被人遗忘。

3. 系统能自我修复

自我修复是所有生态系统的属性。一片草地远看绿油油的，近看则会发现里面有很多虫子。遇到大火会怎么样？野火烧不尽，春风吹又生。

一所学校也好，一家企业也好，远距离看是各种美好，走进去看则会发现各种问题。有时候我们会遇到灭顶之灾，但只要不死，一定能慢慢恢复过来。查理·卓别林（Charlie Chaplin）说，人生近看是悲剧，远看是喜剧。所以，我们不要纠缠于细节，要保持心胸开阔。

4. 物竞天择，适者生存

竞争是生物界的主旋律，也是这个世界的底层逻辑。查尔斯·达尔文（Charles Darwin）认为，竞争最激烈的地方也是进化最快的地方。

“生于忧患，死于安乐。”每所学校都要不断修炼内功，不断思考自己的核心竞争力究竟是什么，时刻保持危机感。我们要培养学生独立自主的品质，未来的社会竞争只会更加残酷。

5. 共创、共生

共生是生物界的普遍现象。人与微生物共生，人与禽兽共生，人与自然共生。

有人说学校里学生是中心，有人说学校里教师是中心，到底谁是中心？我认为，学校、教师、学生之间是一种共创、共生的关系。名师出高徒，高徒也能够成就名师的美名。一个好校长能成就一所好学校，同样，好校长也需要一个能让他施展才华的平台。天时、地利、人和缺一不可。

人与各种疾病共生，一所学校也要与其自身的各种问题共生。一个问题解决了，又会有新的问题冒出来，问题源源不断，学校就是在重重问题与纠缠中发展前行的。

6. 世界参差多态

世界上没有两片相同的树叶，这缘于生物的多样性。生物的多样性包括遗传的多样性、物种的多样性与生态的多样性。

学生天资不同，学习方式各异，可否用一个标准来衡量每一个人？教师的性情禀赋各异，可否用同一种工作指标评价？我国幅员辽阔，各地差异极大，可否用同一个标准来建学校？答案是显而易见的。人生的目的是发现自我、实现自我，我们应尽量保护、保持每一种生命的不同。

7. 小狼终会长大

一只小狼出生后先在洞穴里生活，三四个月大就可以与狼群一起出去觅食，半年后就能独立寻找食物，一岁多就性成熟，可以繁衍后代了。狼的寿命通常是 12 至 15 年。

我们的孩子也是一头小狼，一旦他开始独立自主，不再依赖他人，我们就很难控制了。控制永远不应是养育的目的，因此我们也不必失落。

对一个组织来说，一个新部门也是一头小狼。这个新部门一开始可能微不足道，但早晚有一天，它会长大，并且逐渐不受控制。

8. 我们被环境塑造

“橘生淮南则为橘，生于淮北则为枳。”同一个物种，在不同的环境里，会长成不同的样子。一方水土养一方人，对于生于斯、长于斯的故乡，我们总有一种亲近感。故乡塑造了我们，民族塑造了我们。

一所生长于山村的学校与一所坐落在上海浦东自贸区的学校，当然是不同的样子。我们生长于各自的土地，我们被环境塑造。我们被历史的洪流推动，脱离不了时代的限制。

三、生命的意义是什么

长江后浪推前浪，一代新人胜旧人。那么，生命的意义究竟是什么？我觉得应该是一种使命感。人生为一大事来。不管是什么样的事情，我来过，努力过，爱过，恨过，足矣。有人曾经问金庸：人生应如何度过？金庸回答：大闹一场，悄然离去。

有很长一段时间，我读唐诗宋词最多只能把字面意思弄懂。学习了生物学思维后，我豁然开朗。诗词讲究触景生情，情景交融，好多诗词大师都是生物学思维的高手，因此能够从自然中感悟宇宙之道，并用精确的个性化的文字表达出来。2019 年中秋赏月时，我忽然想起南北宋之交的诗人陈与义的那首著名的《临江仙·夜登小阁忆洛中旧游》：

忆昔午桥桥上饮，坐中多是豪英。长沟流月去无声。杏花疏影里，吹笛到天明。

二十余年如一梦，此身虽在堪惊。闲登小阁看新晴。古今多少事，渔唱起三更。

这首词让我产生了强烈的共鸣。自己大学毕业也有二十多年了，如梦如幻，碌碌无为，真是“此身虽在堪惊”！还是应该抖擞精神，重拾使命感，全情投入，心无旁骛——“杏花疏影里，吹笛到天明”。

（2019年10月）

未来教育的五个猜想

一、一位女生的来信

2017年4月初，我收到一封电子邮件，写邮件的是平和高中部的一位女生，以下为邮件内容。

亲爱的万玮校长：

这是我第一次给您写信，我感到有一点点兴奋。

我九年级时来到平和，现在已经上十年级了。在这一年多里，发生了太多我没有想象到的好事和坏事。我曾经对学校感情淡薄，认为在学校里就只能学习、吃饭、休息，没有什么有意思的事情可做。我刚来平和时仍然抱有这种想法，但我能感受到这种想法在慢慢淡去。今天下午我走在路上看到小学部一到三年级的一群孩子在阳光下打棒球，便去帮忙拍了些照片（我正好带着相机）。我边拍照边在旁边观察，我发现自己很欣赏这些孩子很快乐地在阳光下运动。之后我一路走到桃花盛开的地方，觉得在那短短的几分钟里获得了内心的平静。

我不想很煽情地讲述这个，但是内心真正的平静一直是我在追求的东西。我想，很多高中生也需要找到一个随时都可以去的地方，一个平衡点，不管外界是什么样子。我觉得这和一个人的欲求也有关系。我身边的同学，有人因为自己没有申请上顶尖夏校[1]而感到十分焦灼，似乎这次失败就决定了以后的失败；有人因为失恋而不知所措，急于寻找下一个男／女朋友。我认为每一个人都应该去主动寻找内心真正的平静，而非一味地向外探求。

我其实也不是很清楚为什么自己今天要给您写信，也许就是想和您分享在平和度过的很美好的一天吧。

对了，请问什么时候可以一起吃一次饭呢？“校长午餐”可以吗？

时常有学生给我写邮件，但这个女生的邮件还是让我有所触动，我很快给她回复了一封邮件。

××同学：

收到你这封邮件我很感动！人生中最美好的时刻莫过于此——在一个偶然的瞬间内心被击中，世界一下子变得明亮起来。很高兴你有这样的体验，很多人终其一生也不会有这样的发现。

本周三的中午我们在教师食堂里来一次“校长午餐”吧。

后来，我如约跟她共进午餐，我对她进行了鼓励与肯定。几个星期之后，学校组织中层干部去一家互联网公司参观学习。想到她曾对我说她对一个互联网项目很感兴趣，我便邀请她跟我们一起去。那次她收获很大，对想要参与的项目有了新的认识。

① 指国外的一些大学在每年的6～8月份为高中生开设的课程。——编者注

再一次收到她的邮件已经是2018年年初了，她又一次约我共进午餐，此时她已经是一名颇具领导力的高二学生。她选修了哲学课，参与了平和高中部的哲学读书会，还打算带着小伙伴们举办一次“中学生哲学大会”。作为校长，我一直鼓励学生进行这样的探索，这次也不例外。不仅学校后勤部门提供了大力支持，我还亲自在大会的开幕式上致辞。来自全国各地的六七十名学生参加了这次活动，提交了三十多篇哲学论文，其中一半论文甚至是全英文写作的！会议取得了圆满成功，并带来了意想不到的结果：有一名学生强烈希望能够转学到平和来，因为她原来的学校没有开设哲学课程；不久之后，平和高中部一个历史社团的负责人来找我，打算在2018年年底组织一次“中学生历史大会”。

作为校长，我觉得我很难给学生的成长做规划，但是我相信学生发展的一切可能性。只要舞台足够大，学生的未来就会足够精彩。

二、未来教育的五个猜想

知乎上有一个帖子：在上海市民办平和学校读书是一种什么感觉？很多学生留言说，平和的自由度很大，在这里能结识各种有趣的人，学自己想学的东西。每个学生都知道自己想要什么，想成为什么样的人。

学生对平和的这些感受不是凭空产生的，而是源自我们对好的教育应该是什么样子的深入思索。对于未来教育，我有五个猜想。

猜想1：学校真正成为“学”校

学是学习，校是学堂，学校就是学习的地方。当今教育的一大误区就是太过强调“教”，殊不知，“教”的目的是“不教”。什么时候可以不教？学生学会了、出师了，可以独立闯荡江湖了，不必再依靠教师，而完全依靠自我学习的时候。

未来世界里有“教”吗？也许有，但很少。而“学”无处不在。学校就是要以“学”为中心，创设各种平台与环境，以帮助学生学会学习，“教”只是其中的一种手段。现今的学校制度是以“教”和“管”为中心的，在教育发展的初级阶段，这样的制度有其合理性，但进入教育的个性化发展阶段之后，这样的制度效率就太低了。所以朱永新教授说，未来学校的形态一定会发生很大的变化，学校将成为学习中心，学生按需自主选择所学内容与学习进度，同时，不同的学习中心将资源共享，相互联通。在海量的资源面前，学生的学习能力就是学校最应该重视培养的能力。

猜想 2：核心学科只有两门

未来学校如果要给学生更大的自主空间，让学生提升“学”的能力，势必要在学科设置上做减法。假如只有三门学科是必修的，你会选哪三门？如果再砍掉一门，只允许保留两门学科，那这两门学科是什么？

我的答案是，如果剩三门学科，那便是体育、阅读与数学。如果再砍掉一门，我选择砍掉数学。我读大学时的专业是数学。学数学可以提升我们的逻辑思维能力，但我发现那些数学好的人往往天生逻辑思维能力就强，他们即便没有学数学，思路照样非常清晰。为什么保留体育与阅读？因为体育使身体强健，阅读使精神丰富。这两门是基础，学生若对其他学科感兴趣，可以自己学。

猜想 3：美育是教育的终极目标之一

2015 年，国务院办公厅发文要求各学校“加强和改进”学校美育工作。有人请我发表看法，我就写了一篇文章，标题是《美育是教育的终极目标之一》。

我在那篇文章里说道："美国教育学家莉莲·卡茨（Lillian Katz）教授认为，大多数学习活动都在三个层面进行，分别是知识、能力与气质，而气质是最重要的目标之一，也是教育的终极目标之一。"

大家都知道，人类社会崇尚真、善、美，这三者呈递进关系。有人总结移民海外的家族的演化：第一代学制造，第二代学金融，第三代学艺术。可见，在物质条件得到改善之后，美育是人的精神追求。我想，把孩子培养得美一些，培养得有气质一些，孩子的一生也会更加丰富多彩。

猜想 4：教育的广度比深度更重要

我认为人才培养就像一个大写的"T"字。先写一横，代表广度，后写一竖，代表深度。在确定职业道路之前，孩子一直在写那一横。我们应让孩子注重人生的广度，多接触一些学科，多经历一些事情，对自我多一些认知，知道自己真正喜欢什么，擅长什么。这样在确定职业方向的那一刻，也就是选择职业的时候，孩子才可以精准地在那一横中找到一个点（这个点既是自己的兴趣点，也是自己的优势所在）。从这个点开始写那一竖，就一定可以写得很深。

只有那一横写得足够长，孩子才能精准地找到那个点，然后把一竖写得很深。也就是说，广度决定深度。我们现在的教育，那一横太短，而且很早就让学生开始写一竖。人生真正发力，应该是从写一竖开始。

猜想 5：我们可能是孩子的桎梏

世界多变，我们总是担心下一代无法适应。这种担忧代代相传。可真实的情况往往是，长江后浪推前浪，前浪被拍在沙滩上，一代更比一代强。

人类的适应能力是很强的，纵观人类历史，黯淡无光的时刻数不胜数，那些浩劫、炼狱，磨炼了一代代人。历史的车轮滚滚向前，创新与发展无处不在，适者生存，年轻一代总是比我们更能够适应世界的变化。

李宗盛有一首歌《希望》，大意是孩子是我们的希望。其实不是孩子需要我们，而是我们需要孩子。学校和教育并不是天然如此、理应如此，离不开、改不动的是我们，而不是孩子。离开我们，孩子们可能生活得更好。

三、教育要面向不确定的未来

我们现在的学校形态是标准化运动的产物。未来学校形态很可能发生变化，同样，学生学习的科目也必然要做出调整。

1. VUCA 时代

《人类简史：从动物到上帝》与《未来简史：从智人到智神》曾在全球引起极大反响，这两本书的作者以色列著名历史学家尤瓦尔·赫拉利对未来做出了令人震撼的预测。他强调未来教育要关注两个方面：一是不要灌输信息，而要教学生判断信息；二是不应该看重工作技能，而应强调通用的生活技能。

有人说，我们正处在 VUCA 时代。VUCA 是 volatility（易变性）、uncertainty（不确定性）、complexity（复杂性）、ambiguity（模糊性）的缩写，VUCA 时代即指变幻莫测的时代。因此，我们的学校教育必须培养学生足以应对 VUCA 时代的勇气与能力。

2. 学校教育的四种类型

如果只考虑以谁为中心以及学习内容是否统一这两个因素，那么，学校教育可以分为四种类型。

第一种，以教师为中心且学习内容统一。这是最传统的学校教育类型。

第二种，以教师为中心且学习内容不统一。课程改革之后的学校教育属于这种类型。

第三种，以学生为中心且学习内容统一。一些学科教师的课堂教学属于此形态。

第四种，以学生为中心且学习内容不统一。这才是面向未来的教育。

在真实的生活中，没有两个人是相同的。我们每一个人走出校园、走进社会后，都会走上完全不同的人生道路。因此朱永新教授说，学校必然会进化成相互联通的学习中心，学生自由选择学习内容。到那时，学校教育真正是以学生为中心且学习内容不统一，即便学习内容统一，进度也不一致。这可能是未来学校的常态。

四、人生可以规划吗

大家对教育者有很多类比，如人梯、园丁等，这些类比有一定的道理，教师确实可以成就一些学生。但有时教师的不当言行也可能在孩子的心里留下阴影。然而总体而言，教育者对学生的影响并没有我们想象得那么大。

1. 教育者的角色

很多年之前，我就对教育者的角色做过一个类比。我认为，在成长的舞台上，孩子是当之无愧的主角，教育者不要妄图做编剧，也不要试图做导演。教育者最好做观众，兼个场务什么的。在孩子需要帮助的时候提供支持，在孩子尝试的时候加以鼓励，在孩子成功的时候喝彩，在孩子失败的时候安慰。这才是教育者最好的定位。

2. 谁规划了我们的人生

荀子说："积行成习，积习成性，积性成命。"一位名人说，思想决定行为，行为决定习惯，习惯决定性格，性格决定命运。

真正决定我们未来的还是我们的思想。什么是未来？未来就是我们现在脑子里想的那些东西。人的思想是从哪里来的？是从实践中来的。因此，决定每一个人命运的终极力量，其实只有一个，那就是"时代"。那些伟大的文学作品在揭示个体命运的浮沉时都是将其放在时代的大背景之中。就像我们不能抓着自己的头发把自己提起来一样，我们每一个人都无法脱离时代而单独存在。我们每一个人都是被时代所成就，也被时代所局限。

设想一下，今天的我们如果穿越到50年之后，还能够适应吗？我看很难。那么，我们为什么有底气来规划孩子的未来呢？

（2018年8月）

好的学校教育应做到三个结合

我想跟大家探讨一个话题：在基础教育阶段，好的学校教育是什么样的？

这个问题很大，见仁见智，且不同的学校有不同的实践。我认为，好的学校教育应做到三个结合。

一、选拔与培养相结合

有人说，实施高考制度的主要目的是选拔人才。我认为，我国幅员辽阔，各地差异极大，要保证边远地区的孩子只靠几本教科书及自身的努力也能取得好成绩，高考制度就不能太复杂，考试内容必须简单明晰，考试形式必须公正透明。

事实上，改革开放以来，高考为我们国家选拔出一大批优秀人才。通过高考选拔出来的学生绝大多数是同龄人中的佼佼者，成为各行各业的中坚力量。

一些家长让孩子出国读大学，不参加高考。但仔细想想，即使孩子将来申请国外的大学，依然要面临激烈的竞争，学校体系的选拔功能是客观存在的，好学校永远是僧多粥少。在选拔与培养之间取得适当的平衡，既培养学生具备较强的学术竞争能力，又使他们能够全面地发展，是一所好学校的特征。因此，如果我们的孩子只会读书考试，那肯定不够，我们还要培养他的一些兴趣爱好，即便它们看起来对现在没用，对未来也一定有裨益；如果我们的孩子兴趣爱好很广泛，但成绩不佳，我们还是要设置一个底线，至少要让他达到升入高一级学校的基本要求。这样，孩子未来的道路才可能宽阔。

二、绵羊与狮子相结合

美国耶鲁大学教授威廉·德雷谢维奇（William Deresiewicz）在2016年出版的《优秀的绵羊》引起极大反响。他在书中说："当前系统下（即美国精英教育）培养出来的学生大都聪明，富有天分，而且斗志昂扬，但同时又充满焦虑、胆小怕事，对未来一片茫然，又极度缺乏好奇心和目标感——他们被包裹在一个巨大的特权泡泡里，所有人都在老实巴交地向着同一个方向前进。他们非常擅于解决手头的问题，但却不知道为什么要解决这些问题。"[①] 我国很多家长也希望按照精英教育的路径来培养孩子。那么，我们的孩子最后是不是会成为优秀的绵羊？威廉·德雷谢维奇的这本书让我们警醒。

人类社会有一个规律，那就是若一个社会承平日久，社会精英就会泛理想化，泛道德化，就会变成绵羊。我最近在读宋代历史，宋代的经济、文化、艺术高度发达，但是面对北方落后野蛮的游牧民族时却束手无策。先是与辽签下"澶渊之盟"，后又被金直接赶到了秦岭淮河以南。等到蒙古灭了金，宋朝也就彻底完蛋了。如果把宋朝比喻成一只绵羊，那么汉武帝时期的大汉朝就是一头狮子。

① 德雷谢维奇. 优秀的绵羊[M]. 林杰，译. 北京：九州出版社，2016: 2.

绵羊与狮子各有所长，各有所短。绵羊代表生活富足的一面，狮子则处在恶劣的竞争环境中。在全球化的今天，我国正在越来越多地承担起世界领导者的责任。而一个没有经历过贫穷困苦、没有在恶劣环境中生存过的孩子，对生活、对世界的理解究竟有多深，其实是要打一个问号的。

好的学校教育会将教育与生活、学校与社会紧密结合起来。真实的世界往往有残酷、丑陋的一面，我们要教会孩子去面对。

有这样一个故事。一个人对禅师说："我放不下一些事，放不下一些人。"禅师说："没有什么东西是真正放不下的。"那个人说："可我就偏偏放不下。"禅师让他拿着一个茶杯，然后就往里面倒热水，一直倒到水溢出来。那个人被烫到后马上松开了手。禅师说："其实，这个世界上没有什么事是放不下的，痛了，你自然就会放下。"[①] 我们的民族文化中有相当多苦难的成分，我们要让孩子们经历这些东西。威廉·德雷谢维奇说："挫折、牺牲、内心挣扎、出师不利、走弯路、与家人和朋友之间的矛盾等，这些才算是真正意义上走向独立的特征。只有痛过，才是真实的。"[②]

2017 年美国首席大法官约翰·罗伯茨（John Roberts）在自己儿子的中学毕业典礼上做了一个题为"我祝你不幸并且痛苦"的演讲，在美国引起轰动。美国人其实也意识到了，现在绵羊遍地，若危机真的来了，他们需要狮子。

三、传承与创新相结合

教育首先是传承，是对本民族文化的传承。以前有很多小留学生，他

① 兰心. 遇见幸福，遇见爱 [M]. 武汉：武汉大学出版社，2013: 124.

② 德雷谢维奇. 优秀的绵羊 [M]. 林杰，译. 北京：九州出版社，2016: 107.

们在年龄极小、对本民族文化还没有什么概念的时候就被送出国去，进入另一种文化，最终既无法完全融入当地文化，也没有很好地继承本民族文化，身份认同出现了问题。教育部前几年大力提倡研学旅行，实际上是要用一种生动的形式，让传统文化在孩子们的心里扎根。我们越是要走向国际，越是要对本民族的文化有深刻的理解，否则根基不稳，谈何融合与创新？

今天我们常常谈创新。有一些创新是颠覆，是侧枝，是异端，是突变。但对个体来说，这种创新风险大。大部分创新首先是传承，再在传承的基础上在某一个方面做一点儿小小的改变。小的改变多了，就会引发大的创新。一件事情可能包括十个要素，若九个要素保持不变，改进其中一个要素，这便是创新了。

平和这些年奉行的也是这样的原则。早期平和是体制内的九年一贯制学校，只是在双语教育上做了一些探索，后来逐渐地在德育课程建设、学校运营制度、学校文化建设方面做了一些小小的改进，每一步都走得很扎实。之后，我们又在课程建设，尤其是艺术与人文课程方面做了一些突破，对于平和的发展来说，这便是一种创新。

平和这几年对办学定位做了很大的调整。但即便是很大的调整，也不过是从“以应试为主，兼顾学生综合能力”向“以培养学生综合能力为主，兼顾应试成绩”逐步转变。平和最终的目标是打造一个优质的本土教育品牌，既保持中国传统学校的优势，又能吸取国际教育的精华，在实践中找到一个合理的融合点。

2016 年底，史蒂芬·霍金（Stephen Hawking）发表演讲说人类在地球上的时间已经不超过 1000 年了！史蒂芬·霍金并非危言耸听，他列举了诸如气候变化、各种资源消耗殆尽、人工智能反叛以及爆发核战争等人类未来可能面临的重大危机。史蒂芬·霍金说，虽然在未来一段时间内地球面临毁灭性危机的可能性不大，但是随着时间的推移，人类的危机会越来越近，在 1000 年或者 10000 年的时间里，危机的发生是一定的。

史蒂芬·霍金的观点虽然只是一家之言，但是，我们的下一代将面临的挑战无疑比我们这一代人要严峻得多。这既是他们的不幸，也是他们的幸运。人类社会其实正是在不幸与幸运之间一路走到了今天，并将坚定地走下去。

（2020 年 8 月）

让真正的教育在学校里发生

我这次想跟大家探讨的主题是“什么是真正的教育”。我们都知道，办学校不等于办教育。我认为，好的学校应当让真正的教育发生。

一、雄性衰落

菲利普·津巴多（Philip Zimbardo）是美国著名的心理学家，曾实施著名的斯坦福监狱实验。他在著作《雄性衰落》中讲述了一个触目惊心的事实：男性正在衰落。书中说：“新近一个针对超过300个研究进行的大规模元分析研究收集了超过50万男生和60万女生的学习成绩，结果发现几十年来全世界范围内的女生在所有科目上的成绩都比男生要好。”[①]“美国国家青年纵向调查（National Longitudinal Survey of Youth）是一个开始于1997年完成于2012年的研究项目，这个调查发现，三分之一的女性到27岁之前都获得了学士学位，而只有四分之一的男性做到了这一点。”[②]“特殊纠正教育项目（Special Education Nemedial Programes）中有三分之二的

①② 津巴多，库隆布. 雄性衰落 [M]. 徐卓，译. 北京：北京联合出版公司，2016: 26, 28.

学生是男孩……年轻的男孩子们只是不愿意努力，这就造成了随后他们的工作选择少得可怜。”[①] 作者认为，“在学习态度、学业成绩、人际交往、社会实践各方面，女生的表现都远超男生，男孩在校园里全线告急。”[②]

男性衰落的原因是什么？菲利普·津巴多认为，学校、家庭与社会均有一定的责任。我们只看学校的问题。菲利普·津巴多认为，当代教育的设计有问题：现代教学体系未考虑男孩儿的需求，80% 的课堂教学内容以文字与语言为基础，而男孩儿更擅长在动手体验中学习；学校要求所有人长时间坐在同一个地方，这对男孩儿尤其不公平；有研究表明，当老师与自己性别相同时，孩子的表现会更好，而大部分幼儿园及小学教师为女性。[③]

有人觉得，菲利普·津巴多在危言耸听。然而，他提出的问题确实不容忽视且十分有价值，这个问题在近半个世纪以来日益严重。

我认为，办学校是低头，关注具体的战术问题；做教育是抬头，思考宏大的战略问题。作为教育者，我们首先要有精细化操作的能力，把一所学校办好，但我们也不要忘记做教育的初心，要经常思考类似雄性衰落这样宏大的问题，这样才能让真正的教育在学校里发生。

二、天时、地利、人和

中国人做事情，讲究天时、地利、人和，办学校、办企业、做项目皆是如此。古往今来成大事者，天时、地利、人和这三个要素缺一不可。

---

①②③ 津巴多，库隆布. 雄性衰落 [M]. 徐卓，译. 北京：北京联合出版公司，2016: 29, 29, 102－105.

1. 顺应天时

2014 年马年春节的时候，有一句祝福语是这样的："趋势就像一匹马，我们如果在马后面追，永远都追不上，只有自己骑在马上，才能和马一样快，这就叫马上成功！"雷军曾说过，站在风口上，猪都可以飞起来。这两句话的意思是一样的——时势造英雄。唐代诗人罗隐很有才华，他的诗"今朝有酒今朝醉，明日愁来明日愁""采得百花成蜜后，为谁辛苦为谁甜"流传至今。罗隐时运不济，考了一辈子科举，结果都是一样的——名落孙山。他后来写了两句诗："时来天地皆同力，运去英雄不自由。"这首诗明面上写的是诸葛亮，实际上说的是自己，他感慨的也是自己时运不佳。

今天我们办学校，主要面对的是"80 后"的家长、"90 后"的教师、"00 后"的学生，我们该怎么做？现在我国已成为世界第二大经济体，与此相匹配的教育应该是什么样子的？学校管理不能停留在几十年前的模式中，而应勇于创新。平和提出"做世界一流水准的中国学校"，正是顺应天时之举。

2. 天时不如地利

天时很重要，但有一样东西比天时更重要，那就是地利。孟子讲天时不如地利，举的是战争的例子。敌方凭借天时之利，大兵压境，我方兵力虽弱，但是可以凭借天险守住城池，所以地利更重要。

中国幅员辽阔，地区差异极大。我们大家都知道，有一些学校采取极其传统、极其严苛的方式，创造出了升学奇迹。也许有人会批判其教育理念，但是我们千万不要忽略了地区差异。在当地，考上大学也许就是一种最佳的教育结果。

我很幸运身处上海。上海开风气之先，领时代风骚，上海的城市精神可以概括为 16 个字：海纳百川、追求卓越、开明睿智、大气谦和。平和处于改革开放最前沿的浦东，坐落在碧云国际社区，自然占尽地利之便。平和倡导“平而不庸，和而不同”，这也是上海的城市精神在学校教育中的具体体现。

3. 地利不如人和

有一样东西比地利更重要，那就是人和。孟子说：“天时不如地利，地利不如人和。”“得道者多助，失道者寡助。”可见，人心所向的作用大于天时与地利。

在任何行业，人才都是最重要的资产。任正非曾呼吁最优秀的人才进入教育行业，而芬兰的基础教育之所以成功，就是因为芬兰形成了最优秀的人才愿意做老师的社会氛围。“所谓大学者，非谓有大楼之谓也，有大师之谓也。”未来如果师范大学的高考录取分数线最高，教育兴国就真的落到实处了。作为教育者，我们要有善心，有口德，心口如一，这是真正的教育发生的前提。

三、心动，更要行动

要让真正的教育发生，不仅要心动，更要行动。

1. 被动不如主动

我曾向一位中医请教，去做推拿到底有没有用？她回答我，有用肯定是有用的，但一切被动的理疗都不如主动的锻炼。这句话如黑暗中的一道闪电，照亮了我的心灵。

我由此想到人体自身是一个系统，人生病是因为某个部位出了问题，最终还是要靠人体的免疫系统来修复。外在的手段——输液、理疗、药物等，往往只能起辅助作用。病人若以消极被动的态度对待疾病，很难真正被治愈。

做教育也是一样。我们都明白“我要做”与“要我做”的区别，然而不少教师在具体实践中却忘记了这一点。有一次我面试一个插班生，我问她为什么要来考平和。她告诉我，她在原来的学校成绩很好，却很不快乐。她碰到一位严苛的英语老师。怎么个严苛法？作业做错了要罚写，一旦再次犯错，就要将题目抄写很多遍。她班里的同学曾将单词抄写一百遍、两百遍。有一次英语考试，她的阅读理解错了一道选择题，这道题的罚写她写了两个小时。为什么？因为老师要求她将这篇阅读理解的题目抄一遍，不仅要抄选择题的题目，还要抄一整篇阅读短文。不幸的是，这篇阅读文章还有图。老师不允许复印，要求她一笔一笔把这幅图画出来。这种罚写作业让人绝望。

老师在布置作业的时候，要着重考虑学生对待作业的态度是被动还是主动。订正作业当然有必要，把不懂的题目弄懂，考试才能有好成绩。但想办法让学生自己编写错题本，主动收集错题，效果会更好。

推广开去，学生主动地学，一定强过教师主动地教。教师要思考的是，如何让学生主动地学，自主地学。平和提倡“五自”精神，第一条就是自主，道理与此相通。真正的教育不仅在课堂内，更在课堂外，在生活中，在学生自主的探索里。那些优秀的教师仿佛有魔力一般，能让学生在下课后仍然饶有兴致地钻研这门学科，有了成果后还会主动跟老师、同学、家长分享。

2. 主动不如自动

人体是一个神奇的组织，自我运行能力很强。人一生中平均心跳是几十亿次，如果心脏不跳了，几分钟后人就会死。我们可曾意识到自己的心跳？不会，心脏乃是自动跳动。

常言道“坚持成习惯，习惯成自然”。还有一种说法是，一件事情坚持21天，就会成为习惯。我觉得需要加一个前提，那就是这个坚持是本人主动的，而不是被动的。若是源自外部的压力，21天远远不够。习惯成自然难度极大，古人说“少成若天性”，就是说小时候养成的习惯如同天性，因此好习惯还是应该从小培养。中国传统教育很重视这方面，平和小学部的很多资深教师在这方面也很有经验，他们让孩子愉快而自动地养成了受益一生的好习惯。

我觉得要从小培养的最重要的习惯有以下几个。

第一，承担责任，承受压力。哈佛大学的一项研究表明，职业成就水平高的人有一个相似之处：他们从小就会做琐碎的家务。中国古人说，穷人的孩子早当家。孩子从小做力所能及的事情，并且为所做的事情承担责任，承受压力，长大后就会有责任心与担当精神。我听说过这样一件事。平和一个六年级的男生看到一个女同学趴在教室的座位上哭，一问得知，原来这位女生不小心把教室里的一个东西弄坏了。这个男生说：“不要怕，老师问起来，就说是我弄的！”我不知道这孩子后来怎么样了，顶缸固然不对，但这股豪迈精神着实令人赞叹。这么小就有担当精神，这个孩子未来可期。

第二，具有审辩式思维。小孩子都有好奇心，喜欢问为什么，我们要充分保护孩子的好奇心。一位妈妈在陪二年级的女儿上课外数学思维课时，发现老师教的内容其实女儿早就会了，但是那一节课女儿依然听得很认真。下课后她就问女儿：“你都会了为什么还在听？”女儿回答：“我想知道老师用的方法和我的方法是不是一样。”各位老师，如果你上课的时候下面有一个学生一直在琢磨你的教学方式，你慌不慌？但是这个孩子是真厉害！她在思考世界不同的根源。

第三，学会反思。曾国藩小时候天资一般，据说有一天晚上他在房里读书，一个贼到他家偷东西。贼藏在房梁上听曾国藩读了好久都没背下来，便跳出来把书背了一遍，说："这么笨还读什么书！"说完扬长而去。曾国藩虽然笨，但他有一种能力超出常人，就是他会反思。不仅日日反思，还写日记。真是"坚持成习惯，习惯成自然"。所以尽管曾国藩的起点不高，但因为他坚持反思、日日有进步，日拱一卒，积少成多，最终成为一代名臣。

第四，学会阅读。人体离不开水，长时间不喝水必定口渴难耐。人一旦养成阅读的习惯，进入自动化模式，长时间不阅读就如同口渴要喝水一样，空下来的时候必定得找点儿东西来读。这对人的一生都非常有益。

第五，具备想象力。在人工智能时代，想象力也许是少数无法被机器掌握的能力之一，因此对未来的孩子而言，想象力至关重要。经常做思想实验的人，一定具备丰沛的想象力。

"主动"是在意识层面，"自动"就进入了潜意识层面，真正成为我们的一部分。真正的教育应当是自动的。

四、心在哪里，能量就在哪里

曾有人问我如何看待"校园币"。所谓"校园币"，就是在校园里发行的代币，通常是学校自制的"纸币"，学校用此来奖励学生。一些学校把"校园币"作为学校的德育特色，学校里甚至有超市，学生可以用"校园币"进行交易。

我对此持保留意见。

1. 外在不如内在

现在过年时城市里已经很难听到鞭炮声了。这是城市管理的要求，也是城市管理者治理能力的体现。如今在上海街头，斑马线上机动车礼让行人蔚然成风，这是自发实现的吗？非也！乃是执法机构强力约束的结果。在教育的过程中，他律很重要，但要让真正的教育发生，最终还是要跨越他律这道关口。

我曾为一家媒体写了一篇名为《漫漫人生路，动力在哪里》的专栏文章，文章的主题是“奖励”。作为一种正强化的手段，奖励激励学生的成效相当明显。然而，我认为若过于迷恋这种外部激励，真正的教育就不会发生。

事实上，如果使用不当，外部激励会损伤内部动机，有很多实验证明了这一点。其中一个实验是这样的：实验人员找来了一群孩子，将他们分为三组。第一组孩子被告知，如果他们按要求画画，就会得到奖励（一张特别的卡片）；第二组孩子不做任何处理，没有奖励；第三组孩子事先并不知道会获得奖励，结果获得意外之喜。几周之后，实验人员又给这些孩子分发绘画材料，这一次不给任何孩子奖励。结果发现，期待有奖励的孩子对绘画的兴趣远低于不期待有奖励的孩子。

如何解释这一现象？奖励其实给了孩子这样的暗示：你之所以画画，并不是因为乐趣，而是因为外界的刺激。这样一来，一些本来对画画还有一些兴趣的学生，也真的感觉自己不喜欢画画了。当外在的激励消失时，画画的动力便大为减少。也就是说，外部激励反而会损伤内部动机。

一些学生在学校里是“小能手”“标兵”，量化评比得分很高。他们可能表现得很爱劳动，甚至抢着去做其他同学的工作，因为这样做可以得到小红花或五角星。但回到家后，他们可能啥事也不愿意做，父母得实施有偿劳动制度，才能刺激他们干家务。然而，人生漫漫，如果这些孩子做什么事都需要外部激励，他们的人生动力在哪里？

如何正确使用激励，是一个世界级难题，是每一位教育者的重要课题。孩子各不相同，激励也各不相同，激励起作用的时候真正的教育才能发生。

我们说习惯成自然，习惯的养成也许是外在因素起的作用，还需要有一个内化的过程，而这个内化的过程是一个真正的教育问题。

网络上有关辅导孩子功课的话题关注度一直很高，“不谈作业，母慈子孝；一谈作业，鸡飞狗跳”。可见，让孩子主动学习有多难！真实情况是，教育者费尽千辛万苦想把一些东西内化进孩子的心灵，最终却是竹篮打水一场空。内化进孩子心灵的不是行为，而是关系，是教育者的人格。郑智化的《水手》开头两句的歌词是这样的：“苦涩的沙，吹痛脸庞的感觉，像父亲的责骂，母亲的哭泣，永远难忘记。”孩子长大后永远难以忘记的，是父母的情感、态度、价值观，而知识与技能、过程与方法也许早就如烟雾一般飘散。

平和的初中与高中部总共有一百多个学生自发成立的社团，这些社团自主活动，自己寻找指导老师。在社团中，孩子们做自己喜欢的事情，这些事情本身就是奖赏，就是动力来源。

平和初中语文组的董琪老师让学生读文学名著后拍摄微电影，我应邀参加了微电影首发式及评奖活动。我很赞赏董琪老师的尝试。让我印象特别深刻的是，许多学生并没有把它当成一项任务，而是投入了大量的情感与智慧，全身心地反复打磨，呈现出一部部高质量的有创意的作品。

2. 内在不如自在

微信有一个“微信运动”的功能，打开之后我们可以看到自己每天走路的步数。“微信运动”里有一个排行榜，我们的微信好友每天走了多少步一目了然。有些人平时很少运动，如果有几天突然步数大幅提高，他们大概率是去旅游了。还有一些人每天都走几万步，这些人对运动的热情已经内化。我的一位朋友说，他每天坚持运动是因为一天不走路，就浑身不自在，一定要出点儿汗才舒服。

自在是一种状态。杜甫有诗云：“留连戏蝶时时舞，自在娇莺恰恰啼。”秦观有词云：“自在飞花轻似梦，无边丝雨细如愁。”

自在是人生的目标。孔子说“七十而从心所欲，不逾矩”，这就是一种自在的境界了。

什么样的状态是不自在？拘束、紧张、不舒服、不自由。在丈母娘挑剔的目光下，第一次上门的毛脚女婿窘迫、慌乱，不自在；出现在一个不该出现的场合，遇到不想遇到的人，尴尬、失态，不自在；做自己不想做的事，不能选择，无法逃避，忍耐、郁闷，不自在。

要让学生自在，我们的教育必须个性化。大一统的教育一定会让人不自在。鱼在水里游很自在，鸟在天上飞很自在，猪在地上跑很自在。猴子爬树很自在，猪爬树就不自在。

人大致有三种不同的学习方式：听觉型、视觉型与触觉型。用适合自己的方式学习，自在而高效。比如我就属于视觉型，看一篇文章要比听一篇文章高效得多。但我知道有不少人患有不同程度的阅读障碍，读纸质书反而是低效的学习方式，让他们听有声读物学习效率更高。

有些人外向，喜欢社交，喜欢抛头露面，喜欢团队合作；有些人内向，喜欢读书，喜欢一个人安静地思考，不喜欢被打扰。有些人喜欢在聚光灯下，成为万众瞩目的焦点；有些人喜欢深居简出，更享受在家中的时光。

平和高中部的管理团队为师生营造了一个自由宽松、高度民主、多元、可选择的环境，不同风格、不同特点的教师都可以以一种自在的方式工作，从而也为学生创造了一个相当自在的环境。

当所有人都觉得自在时，真正的教育就发生了。

五、心之趣，灵之趣

1. 兴趣不如乐趣

兴趣是最好的老师，我们常常是跟着兴趣走的。然而兴趣是一个浅表又缥缈的概念，人的兴趣常常会变。今天对一件事情感兴趣，明天可能就改变主意了。我们若能持久地做一件事，兴趣一定会进化成乐趣。

孔子说："知之者不如好之者，好之者不如乐之者。""好之"是兴趣，"乐之"是乐趣；"好之"是外在，"乐之"是内在。如果一件事情能给我们带来乐趣，我们一定会被这件事深深地吸引。

我们要想办法把自己变成一个有趣的人。有人说好看的皮囊千篇一律，有趣的灵魂万里挑一。我们自己变得有趣，别人跟我们相处时就会充满乐趣，孩子们便会被我们吸引，从而进入学习的世界。

如果你是一位普通教师，你除了靠工作养家糊口外，还要在工作中找到自己的乐趣。如果你是一位学校管理者，你要思考的是，如何将工作环境、团队合作、专业发展等各个环节设计得有意思，让老师们以一种愉悦的心态来完成一份有意义的工作。

2016 年，NBA 球星蒂姆・邓肯（Tim Duncan）宣布退役。记者问他为什么做这个决定，他回答说他已经无法从这项运动中体验到乐趣了。原来多年来支撑他取得如此巨大荣誉的，竟然只是打球本身带来的乐趣。

我做开学演讲已经有三年了。对我来说，这是一件很有挑战的工作。在很多人欢欢喜喜地休假、旅游的时候，我在殚精竭虑地准备我的开学演讲。我做这件事的原因只有一个——它能给我带来乐趣。

老师们还要思考如何让学生喜欢到学校来上学。我们只有让学校变得充满乐趣，学生才会喜欢上学。

我的一个朋友每次面对美食的时候，都会感慨："生活如此美好！来，干杯！"所以，哪怕你是一个吃货，也挺好。最糟糕的是这个世界上已经没有什么东西能让你有激情，让你有期待。漫漫人生路，如果有一些事情始终让我们充满乐趣，即便我们很平凡，幸福指数也不会低。

2. 乐趣不如志趣

平和实施的是中西融合的教育。那么，中西方教育到底有哪些本质的不同？

我想从哲学的概念出发，讨论这个问题。

在英文中，哲学的本义是“爱智慧”，这是西方文化对知识与智慧的根本态度。西方哲学走的也是偏形而上的道路，思考的都是一些逻辑、理性问题。中国古代哲学相对来说更加务实，走的是偏形而下的道路，中国古代哲学本质上是一种生活哲学，思考的是人生问题。

中国古代教育提倡“学而优则仕”“吃得苦中苦，方为人上人”“朝为田舍郎，暮登天子堂”，提倡教育就是吃苦，类似“宝剑锋从磨砺出，梅花香自苦寒来”“书山有路勤为径，学海无涯苦作舟”“只要功夫深，铁杵磨成针”这样的劝学警句不胜枚举。而读书的回报是惊人的，正所谓“书中自有千钟粟，书中自有黄金屋，书中自有颜如玉”。于是中国的父母总是望子成龙，望女成凤，期待孩子出人头地，光宗耀祖。在古代，金榜题名是人生三大乐事之一，正所谓“春风得意马蹄疾，一日看尽长安花”。

现在我们已经意识到，教育的初心应是追求知识与真理，并朝着这一目标努力。

如果说西方教育是从兴趣出发的，中国教育则是从志向出发的。兴趣发展到下一步是乐趣，志向发展到下一步是志愿。与高远的志向相比，志愿更加理性与现实。在我看来，中西方教育到了最高层，就贯通到一个共同的目标——志趣。因为如果一个人从小立下志向要做一件事，但没有任何乐趣，他是不可能坚持一辈子的。而如果一个人对一件事感兴趣，但缺乏使命感、责任感、目标感，一旦久了、倦了就可能陷入迷茫。所以，西方教育是从兴趣到乐趣到志趣，中国教育是从志向到志愿到志趣，二者殊途同归。

志是我们应该做的事情，趣是我们想要做的事情，当志与趣结合在一起时，真正的教育就发生了。如何结合？这是每一个人都需要仔细思考的重要命题。

六、真正的教育

真正的教育就是帮助学生完成社会化与个性化的过程，让他们以更好的状态进入未来的生活。教育是农业，真正的教育就是让一株株小苗在各种力量的帮助下茁壮生长。就像孵蛋一样，真正的教育就是创造各种条件，帮助那个蛋完成质变。

真正的教育是帮助学生从被动发展到主动发展，最后进入自动发展的状态。真正的教育是帮助学生从外在发展到内在发展，最后进入自在发展的状态。真正的教育是帮助学生将兴趣发展成乐趣，最后发展成志趣。而所有这一切都要靠孩子自己，毕竟教育者不可能代替孩子成长，成长是孩子自己的事情。

平和高中部 2019 年邀请我为其官方微信公众号“PHHS 同学少年”写两句祝福语，我给他们写了两句诗：“平心观世界，和气满乾坤。”这两句诗的字面意思是，若用平和、平静、平淡的心去看世界，那么世界就会充满和善、和睦、和美。后来他们据此制作了一幅春联画，特别有创意。

追溯一下，我的这个心境源自 2010 年暑期的西藏之行。我们一行人在坐车绕过无数的盘山公路后到达珠穆朗玛峰大本营。雪山宁静肃穆，云雾短暂散开，我们看到了珠穆朗玛峰峰顶。当地的导游说，在藏民的眼中，因为有山神，所以雪山是圣地，是用来尊奉的；而在登山者的心目中，雪山也是圣地，是用来挑战的。为什么要登山？套用英国著名探险家乔治·马洛里（George Mallory）的一句话就是，因为它就在那里。

因为 2010 年在西藏心灵受到了洗涤，平和 20 周年校庆的时候，我写了一首藏头诗：“感怀勇士魂，恩颂雪山神。平心观世界，和气满乾坤。”

真正的教育是自我教育，是净化灵魂的教育。

七、结语

心灵受到洗涤之后，我会自动思考一些有关人类、民族命运的大问题，例如雄性衰落。在人类发展的不同时期，男性与女性的社会功能与社会地位一直处于动态发展当中，因此，雄性衰落很可能是一个伪命题，至少不是威胁人类存亡的致命问题。

《雄性衰落》的作者菲利普·津巴多在书中为年轻男性提供了 8 点自助指南：一是远离游戏和成人影片，“重启”大脑；二是使用时间创可贴，把时间花在更值得去尝试的事情上；三是坚持体育运动；四是学会铺床叠被，从最小的事情做起；五是每天醒来后坚持写“晨间笔记”，从而发现自己的内在力量；六是结交一些异性朋友；七是远离所谓的“公主”，建立一段真实、安全、双方都满意的两性关系；八是找一个跟你有着相似经历的人生导师，获得关于人生和亲密关系的最佳建议。①

这些自助指南对我们来说也是一个很好的看待教育问题的视角。

男孩儿的危机也是教育的危机。各位同人，让我们一起思考教育真问题、实践教育真路径，让真正的教育在学校里发生！

（2019 年 2 月）

① 参见：津巴多，库隆布. 雄性衰落 [M]. 徐卓，译. 北京：北京联合出版公司，2016: 284－299.

校长管理的三级台阶

十多年以前，我参加过一场讨论，主题是：校长是否应该上课？这个讨论很激烈，我为此写了一篇文章，但如今已全然忘记所持观点。当时的我不过是一个普通老师。现在想想，真是无知者无畏啊！

我已在校长岗位上任职多年。再让我参加这个讨论，我会旗帜鲜明地亮出观点：热衷于上课的校长不是好校长。

要想管理好一所学校，需要有管理好一个班级、教好一门学科的经验，因此，一名好校长大概率曾是一名优秀的教师。很难想象，一位教师学科教不好，班级带不好，会被提拔为校长，被提拔之后，还能奇迹般地把一所学校管理好。但管理一所学校的难度更高，很多教师教学是一把好手，做管理却很糟糕，被提拔到校级领导岗位上后，能力的短板完全暴露出来，自己也觉得不自在，反而很怀念当初教书的日子。好的学科教师十里挑一，好的班主任百里挑一，好的校长千里挑一。

我做校长这几年，经历过不少坎坷，逐渐悟出几个道理。这些道理成为指导我校长工作的原则：第一，下属能做的事情，一定不做；第二，下属不能做或做不好的事情，帮助他们去做；第三，下属实在无法做的事情，才亲自去做。

刚开始做校长时，我常常对下属的工作不满意，尤其是我比较熟悉的工作。我自己的内心有一个标准，当别人达不到时，我就有代替他们去做的冲动。后来我意识到，这样做的结果只会让自己越来越累，下属的主观能动性也会受到打压。

我从历史人物的身上获得很多启发。汉高祖刘邦在击败项羽取得天下之后说："夫运筹策帷帐之中，决胜于千里之外，吾不如子房。镇国家，抚百姓，给馈饷，不绝粮道，吾不如萧何。连百万之军，战必胜，攻必取，吾不如韩信。此三者，皆人杰也，吾能用之，此吾所以取天下也。"而聪明绝顶的诸葛亮，才华横溢，智谋出众，一生鞠躬尽瘁，最后却累死在五丈原，真是"出师未捷身先死，长使英雄泪满襟"。

刘邦会放权，会用人，既成全了下属，也成就了自己。诸葛亮事必躬亲，连运粮车都要亲自设计制造，他死之后，人才凋零，"蜀中无大将，廖化作先锋"。

一个好的管理者，其眼光应该主要向上、向外，而不是向下、向内。他应当向上、向外寻找并扩大自己的空间，而不应向下、向内压缩限制下属的空间。

依据我自身的经验，校长管理有三级台阶，迈过了这三级台阶才能带领学校走向成功。

第一级：从管自己到管他人

我们能走上管理岗位，一定是因为自己的工作足够成功，才能脱颖而出。也就是说，我们是管理自己的高手。但是，善于管理自己不代表善于管理他人。一个管理者要带团队，不能再逞个人英雄主义，而是要学会磨合队伍、激励队伍，把所有人的力量整合起来。

下属碰到问题后向我们求助，我们要帮他渡过难关。我时常与中层干部进行一对一的谈话。具体问题不难解决，但有些中层干部因为个人性格及价值观的问题，或能力有短板而导致工作陷入僵局，我要敏锐地发现问题，并对其进行辅导。我不可能代替他工作，也不能因为他有短板就把他撤换掉。千军易得，一将难求，我只能根据现有情况尽可能提升他们，让他们在工作中发挥更大的作用。

第二级：从小系统到大系统

有时候，你会发现某个人不适合某个岗位，怎么辅导也干不好，但是换一个岗位表现就完全不同。在一个小的系统里解决不了的问题，在一个大的系统里可能根本就不是问题。

校长要考虑学校的制度与文化，制度与文化会在无形中引导与约束教职工的行为。更进一步来说，学校组织架构的调整也要与时俱进。我做校长之后，认识到学校最重要的资产是教师，因此成立了一个教师发展中心，并借鉴世界五百强企业人力资源管理的理念，来推动学校教师的专业成长。同时，我也认定民办学校的客户是家长，产品是课程，因此成立了课程中心来研发校本课程体系。原来的总务处升级为资源配置中心，让学校所有的硬件为教师与学生的成长服务。

第三级：从做什么到为何做

大多数人关注的都是做什么、怎么做，很少有人静下心来思考为什么做。然而不想清楚为什么做，很可能南辕北辙而不自知。管理者常犯的错误是走得太远，而忘了为什么出发。

教育的本质关乎人的成长，关乎人生意义，关乎民族未来。值得思考的焦点很多：应试教育与全面发展、保护兴趣与磨炼意志、夯实基础与发展特长、传承文化与拓宽视野……这些矛盾常常让我们困惑。

学校教育的根本任务是立德树人。作为校长，我一直思考该把学校带往何处。平和是一所十二年一贯制的寄宿制学校，一至九年级实施国家课程。同时，我提出了把西方先进教育理念与中国传统教育内容相结合的思路。在高中阶段，我们引进了国际课程，并对国际课程进行了本土化，强调扎根中国大地办学。

在学校内部，我们坚持以学生为中心，培养学生“自主、自由、自然、自省、自信”的“五自”精神，倡导“平而不庸，和而不同”的校园文化，着眼长远，为学生的未来发展赋能。学校的社会美誉度高，赢得越来越多家长的青睐。

管理是一件很复杂的事。美国一个职业篮球队的老板曾经想方设法把联盟里最优秀的选手挖过来组成球队的首发阵容。他的目标是夺冠，结果这支球队最终位列倒数。他忘记了篮球是一项团队运动，只有团队中的每一个人各司其职，并且把自己的工作做到极致，这个团队才有战斗力。多年前，我也曾以为校长应该每天去听课，后来才意识到，那是教研组长和年级主任的工作。校长必须摆脱之前角色的束缚，努力成为一名具备战略眼光的职业管理者，努力登上这三级台阶，便会看见不一样的风景。

（2019 年 7 月）

校长的十个方法论

方法论通常与价值观并列讨论。价值观指的是我们对世界和人生的看法，方法论指的是我们该如何面对世界，解决人生中遇到的各种问题。我做校长这些年来，总结了十个方法论，供大家参考。

方法论一：目标理论

1. 取法乎上，仅得乎中

甲和乙比赛走路，看谁走得直。甲每走一步，都盯着自己的脚看，生怕自己走偏，但走出 100 步之后回头一看，还是走偏了。乙的策略完全不同，他不看脚，而是盯着远方的一棵树，轻松迈大步，走得非常直。

20 年前，我刚走上工作岗位时，就不甘心做一个平庸的教师，而是立下志向要成为全国名师。今天回过头来看，这个目标仍没有实现，但我已经走得足够远。

2. 百川东到海，何时复西归

我们常常走得太远，而忘了为什么出发，其根本原因就在于我们的心中没有目标。

在努力的过程中，哪怕有各种迂回，进两步退一步，甚至退三步，但只要目标明确，我们就一定能克服困难，走出困境。

3. 菩提本无树，明镜亦非台

今天社会上有很多人十分焦虑。焦虑是一种心态问题，根本原因是内心有标准与期望。同样面对半杯水，如果标准与期望很低，就会心存感恩；如果标准与期望很高，就会内心愤懑。世上本无事，庸人自扰之。

我们虽然需要有高远的目标，但在竭尽所能之后要看淡结果，降低预期，这样幸福感也会有所提升。

方法论二：木桶原理

木桶能装多少水，取决于其短板。而一个人能否在社会上立足，取决于其长板。

每一个人都有长板与短板，综合能力由短板决定。一个要求较低的岗位并不需要你装太多水，因此，你的那块短板就不会暴露。但一个要求较高的岗位则要求你装更多的水，如果你那块短板没有补齐，就会不停漏水。

在竞技体育中，你的对手会一直寻找你的弱点。如果你的短板很明显，你就完蛋了。在工作中也一样，只要你有短板，就不要抱有侥幸心理。

有短板怎么办？有两个解决路径。

第一是尽全力提升短板，至少要达到合格水平，不能让短板拖后腿。

第二是发挥团队的作用，通过团队合作，把每个人的长处都变成团队的长处。

在解决了短板的问题后，还要致力于发挥长板的优势。

一个人的价值取决于其长板，如果你有一个长板是前 10% 的水平，你就是十里挑一的人才；如果你有两个长板都是前 10% 的水平，组合一下，你就是百里挑一的人才。如果你从事的工作恰恰需要这两个长板，你就能最大化地实现自我价值。

方法论三：侧枝理论

盲端是死路，而侧枝带来创新。

李善友从生物进化中得到启发，提出盲端与侧枝的理论。他认为，一个物种一旦形成，永远不会产生变化，直至整个物种灭绝，走向盲端，也就是死路。新物种并不是原有物种的转变，而是在原有物种的异端和侧枝上自己生长出来的。

现代人类的活动对地球生态影响很大，导致许多生物灭绝。这当然得引起警惕，但是环境的变化是必然的，如果我们把自己的命运寄托在外部环境上，希望外部环境保持不变，下场多半很惨。

企业也是如此，如果没有创新，把宝压在一个曾经成功的主打产品上，一旦市场环境发生改变，企业就会陷入绝境。

一个组织一定不能搞大一统，一定要有计划、有组织地发展各种侧枝。我将这些侧枝称为“创新小分队”，创新小分队很可能失败，但一旦成功，就会成为有价值的侧枝，假以时日，侧枝说不定就成了主干。

方法论四：信仰理论

我们做教育的人都知道，没有信仰是一件很可怕的事情。我曾经分管学校德育工作很多年，充分认识到内心的信仰、信念是德育的重要保障，所谓“头顶三尺有神明，不畏人知畏己知”。什么都不信，毫无敬畏之心，这样的人是有问题的。

信仰是一种心的力量。心在哪里，能量就在哪里。如果教师有信仰，校长不要打击，也不要指责，有信仰本身是件很幸福的事。如果教师没有信仰，校长应帮助他们树立一种信仰。

一个人带着信仰工作，就会有不竭的动力。

方法论五：射击理论

有意瞄准，无意击发。

我在部队待过一年，上射击课的时候，先练瞄准。我趴在靶场里，瞄着远处的目标，一趴就是一个下午：专注于瞄准的稳定性，稳定后开始扣扳机，到击发的那一瞬间，我已进入物我两忘的境地，所有的注意力都在瞄准上，而不知道什么时候击发。

我们要专注于过程，而看淡结果。若过程足够充分，结果就会自然而然地呈现。

方法论六：极致原理

一件事要么不做，要做就做到最好。

一家企业生产十款平庸的产品不如生产一款优秀的产品，一个演员出演十部平庸的影片不如主演一部经典影片，一个歌手演唱十首平庸的歌曲不如有一首作品传世。

我们都是平凡人，做不了太多的事情，不如集中精力做好一件事，把这件事做到极致，把一件普通的工作做到让人惊叹的程度。这就是所谓匠人精神。

我曾看到一个导游解说的视频，这个导游把传统文化融入段子中，真是一绝，听他连续讲一天也不会厌烦。我由此想到，如果我们的老师也有这种能力，各种教学法都不那么重要了。

校长和老师应当把自己的工作看成打造一件作品。既是作品，就要有匠心在其中。

我们可以一年、一个学期或者一个月只做一件事，把这件事做得足够好，随后再去琢磨其他事。如果一件事每年都要做，那么就要每年都有进步，每年都有创新。

方法论七：量子思维

我们应摒弃二元对立、非此即彼的思想，接受兼容并包、矛盾共存。

在我们看得到的中观和宏观世界里，在任何一个时间点，物体的状态都是确定的，但在微观世界就不是这样。量子理论适用于微观领域，比如著名的“薛定谔的猫”。

《了不起的盖茨比》的作者弗朗西斯·司各特·菲兹杰拉德（Francis Scott Fitzgerald）曾说，同时保有两种截然相反的观念还能正常行事，这是第一流智慧的标志。

“为什么我们的学校总是培养不出杰出人才？”这就是钱学森之问。据说，钱学森自己对于如何解决这个问题是有答案的，那就是科学与艺术的结合。科学代表理性，艺术代表感性。一个人既有理性，又有感性，那就相当厉害了。

我认识的一位艺术老师逻辑思维能力一般，却天生直觉敏锐。面对一屋子男男女女，她敢断言说，那个男孩子喜欢这个女孩子。过一段时间大家再去验证，发现她说的分毫不差。

如果一位科学家有这样的直觉，在没有任何推理的情况下直接“看”到结果，再通过结果倒推过程，那绝对是该领域的大师。

有一些老师是理想主义者，却不接地气；另一些老师实践经验丰富，却过于功利，缺乏理念与理想。他们都缺乏一流的智慧。

量子思维如何培养？中国文化中极高明的智慧——禅，就是量子思维。

一个人问一位得道高僧日常状态是什么，高僧回答：“担水，吃饭。”又问他得道前是什么状态，回答：“担水，吃饭。”问有什么不同，高僧回答：“以前担水时想着吃饭，吃饭时想着担水，现在担水时想着担水，吃饭时想着吃饭。”

你若去问禅师一些道理，禅师常常不正面回答你，甚至会用棒喝的方法对待你，其实是在暗示你抛弃二元对立的思维，跳出原来的系统，从一个更大的视角来看待你原来的问题，这样你就会有一种全新的理解。

方法论八：谦卑原理

我们应永远保持谦卑。

汉代名臣张释之一生谦卑，有一天在朝廷里，达官显贵都在，有一个叫王生的老者突然对张释之说：“我的袜带松了，请帮我系好。”大家都惊呆了，张释之是朝廷重臣，而王生无官无职，只因精通黄老之学而被召见。众目睽睽之下，张释之居然真的跪下来帮王生把袜带系好了。后来有人批评王生当众给张释之难堪。王生说：“张大人对我很好，我无以为报，因此让他当众帮我系袜带，其实我是在帮他培植谦卑的福德。”

牺牲自己的形象来培植别人的名声，这是多大的一份报答啊！面对那些倨傲无礼的人，我们要保持谦卑，因为，他们其实是在帮我们。

在我看来，谦卑分为三个层次。

第一个层次是表面的谦卑。有些人彬彬有礼，其实只是逢场作戏，他们的内心可能很傲慢。有些老师在校长面前毕恭毕敬，貌似谦卑，在学生和家长面前却趾高气扬，不可一世。

第二个层次是思想的谦卑。我刚工作时有一回犯了一个错误，特别紧张不安，偷偷看分管领导时发现领导朝我微笑了一下，我特别感动，感到被领导理解。这是一种同理心，同理心是思想的谦卑。我现在自己做校长，下属犯错时，批评归批评，但首先表示理解。

第三个层次是心灵的谦卑。我以前有一些恃才傲物，经常不自觉地顶撞领导。自从学会了谦卑，我通透了许多，能冷静接受各种批评，不断反观内心。

方法论九：生长理论

万物生长。

教育是农业，关注的是人的成长。人的成长与植物的生长是同一个意思。既然要生长，就有生老病死，起承转合。

与人一样，一家企业、一所学校、一个组织也都在生长。有些行业处在青年时期，是朝阳产业；另一些行业则到了老年期，是夕阳产业。这是世界的规律，我们要顺应这个规律。

历史的车轮滚滚向前，今天的校长面对的是“80后”家长和“90后”教师，教育的生态已经发生了很大变化。如果我们还是用10年前20年前的思维来指导现在的教育，岂不是刻舟求剑？

上一代人常常看不惯下一代人，但最终的结果却是“长江后浪推前浪，前浪死在沙滩上”。有了这样一个动态发展的概念，我们需进一步思考“我在哪里”。

我写过一篇名为《生气的四层境界》的短文，以生气为例，讲述我的认知变化过程。

生气的第一层境界是“无邪，不生气”。刚开始工作时，我热爱教育，喜欢学生，觉得一切都是那么美好。后来我遇到挫折，于是进入第二层境界“正义，很生气”，我变得疾恶如仇，觉得自己有责任唤醒学生。气生多了，我发现最受伤的还是自己，于是慢慢进入第三层境界“心安，不生气”，也就是所谓的“佛系”。后来我意识到刻意不生气也是一种执着，于是开始进入第四层境界“随性，无所谓生气不生气”。该生气的时候我还是会生气，但是不会对自己的生气感到气恼，而是对自己的情绪深刻觉知，坦然接受。有了这样的认知后，通过生气或者不生气这样一个简单的情绪，我可以判断出一个人大概处于什么阶段，进入了怎样的境界，对人生的理解达到了什么水平。

方法论十：思想实验

我们要提升想象力和逻辑思维能力。

思想实验首先从物理学中诞生，最著名的伽利略的铁球思想实验是这样的：两个铁球分别下落时，如果大球下落快，小球下落慢，那么，将两个球绑在一起下落，就会出现悖论——一方面，两个球相互制约，绑在一起下落的速度应当介于两者之间；另一方面，若将两个球看作一个物体，其下落的速度应当大于较重的大球。无论最后的结果是什么，都会出现矛盾。因此，两个铁球必然会同时落地。伽利略仅仅通过思想实验，便做出了断言。事实证明，他的推断是正确的。

中国古代也有这样的高手。刘备三顾茅庐时，诸葛亮提出《隆中对》，后来均一一应验。这种思想实验的能力，我看不亚于伽利略。

上面分享的九个方法论本质上都是思想实验。尤瓦尔·赫拉利在《人类简史：从动物到上帝》中说，任何大规模人类合作的根基，都在于某种只存在于集体想象中的虚构故事，是“想象力”推动了社会的进步。

我是一个喜欢想的人，生活中常常会陷入一种想的状态，想目标，想过程，想结果，想细节，想逻辑。未来是什么？未来就是你整天想的那些东西。只要你能想到，你就能做到！

结语：勇气

做教育是一件很艰难的事情，做校长尤其难。我很认同美国学者帕克·帕尔默（Parker Palmer）在《教学勇气：漫步教师心灵》中的观点，他认为优秀的教学不能降格为技术，优秀的教学源自教师的自身认同与自我完善。而要做到自身认同与自我完善，我们最需要的是——勇气。

（2019 年 2 月）

文化浸润助力学生成长

2021 年，平和高中学生会给我发邮件，请我为毕业班学生的毕业纪念册提供一张照片和一句赠言。我想了想，写了 10 个字："平心酬壮志，和韵谱长歌。"

一、用校名来阐述文化

我已经为毕业班学生的毕业纪念册写赠言好几年了。最初，我会随性写几句。到了 2019 年，我突然意识到，作为校长，我给学生写的赠言应该与"平和"二字有关。于是那一年，我写的赠言是："平心观世界，和气满乾坤。"2020 年，赠言变成了："平生多壮志，和睦少烦忧。"

2021 年，平和校友会正式确定了常驻会址，春节时我为校友会拟了一副春联："丑时春入和睦户，牛岁福临平安门。"横批是"平和之家"。

平和在建校 10 周年时，正式确立了学校倡导的校园文化——"平而不庸，和而不同"。这些年，我在不同的场合，从不同的角度诠释了这 8 个字的内涵。

2019 年，平和图书馆新馆开馆，我为图书馆写了一副嵌名对联："平而不庸，和而不同，平和追梦人当胸怀大志；知其所短，行其所长，知行合一者必博览群书。"

学校里有一个双鱼广场，我给双鱼广场写了一段话：“鸟瞰平和建筑，恰似双鱼戏水；鱼戏莲叶间，海阔凭鱼跃。平和如水，师生如鱼；平和双语，水大鱼多。子非鱼，安知鱼之乐？”

平和的管理理念是“养鱼先养水”，学校的文化如同水，滋养着学校师生。

平和每月都进行“平和人物”的评选，一年共评选出12位。评选采用推荐制，对象是教工、学生或校友，评选的标准就是“平而不庸，和而不同”这八个字。具体来说，就是要体现“五自精神”，即自主、自由、自然、自省、自信。

1. 自主

一切教育，最终都指向人的独立自主。自主学习，自主发展，自主教育。教育不是灌输，而是唤醒，是点燃，是熏陶，是激励。当生命之火熊熊燃烧的时候，人生便充满了能量，生命便有了意义。

2. 自由

人生是一个追求自由的过程，好的教育帮助人实现自由。一位曾经在不同学校就读的平和校友曾被问及平和与其他学校最大的不同，他不假思索地回答：“自由！”

3. 自然

在自然的状态下，我们才能看见真实的人、真实的事。教育就是人的自然生长。学校应当提供真实的生活、真实的教育。人在自然的状态下，心态是放松的，情绪是平和的，成长是喜悦的。

4. 自省

很多自由的个性相遇时，一定会产生碰撞。多元、多彩是世界的本来面目，每一个个体都需要以包容的心态去看待他人与不断变化的世界。唯有自省，方能包容；保持初心，方得始终。

5. 自信

自信是一种气质，由内而外，自然散发。教育不能改变人的基因，但可以改变人的气质。平和尊重每一位教职员工，尊重每一位学生及家长，生命在尊重中被滋养润泽。

二、教育要为未来做准备

2020 年，《准备：我们必须让孩子做好准备，不能让运气或环境决定他们的未来》一书面世时引起了不小的轰动。作者黛安娜·塔文纳（Diane Tavenner）是美国的一位教育工作者，这本书讲述的是她创立新型学校萨米特中学的故事。著名读书人樊登特别推荐这本书，他对这本书的推荐语是："教育的终极意义，是帮助孩子为成年生活做好准备。"这也是萨米特中学的核心办学理念。

读到这句话时，我的内心毫无波澜。平和这些年正是朝着这一目标打造校园文化。借用泰戈尔（Tagore）的一句诗来说，好的教育让每个人"踏入生活之河而毫无惧色"。

学校教育要帮助学生为成年生活做好哪些准备呢？我觉得有三点。

1. 人际关系

阿尔弗雷德·阿德勒（Alfred Adler）是奥地利心理学家，他创立了个体心理学。他曾说，人类一切烦恼的来源只有一个，那就是人际关系。青少年学生在成长过程中的最大困扰常常来自人际关系。好的学校教育要教会学生如何面对并处理。

平和倡导一种自由的氛围，提倡生生之间、师生之间平等交往。平和的教师整体上非常年轻，一方面，他们的学术水平高超，受到学生的尊重；另一方面，他们把学生当成同伴，大家有缘在课堂中相聚，形成一个学习共同体。

2. 内在动机

埃隆·马斯克（Elon Musk）2012 年在美国加州理工学院做了一次演讲，他在演讲中说，今天很多孩子学习和进步的动力几乎全部来自外在压力和奖励，结果是他们既不会有宏伟的目标，也不会有坚韧不拔的毅力。好的学校教育要帮助学生找到内驱力。

平和的气质正如其校名一样，淡泊，优雅，不功利，给学生足够的空间，鼓励学生探索、试错，直到最后确定目标，点燃热情。

3. 自我认知

孔子说“四十而不惑，五十而知天命，六十而耳顺，七十而从心所欲，不逾矩”。人的一生就是自我认知的过程。很多人一生浑浑噩噩，不知道自己喜欢什么，擅长什么，没有人生目标。好的学校教育应该帮助学生进行正确的自我认知。

2021年平和有一个高三女生被牛津大学梵语专业录取，此事被媒体广为报道。她插班来到平和读初中，并直升本校高中IBDP课程[①]。她高一时就决定大学要去英国学东亚文化的知识，最终确定了非常冷门的梵语专业。著名学者钱文忠先生闻听此事，亲临平和签名赠书，鼓励这位女生。

基于自我认知的成长是幸福的。幸运的是，平和的许多家长支持孩子们的自我选择。

三、办一所像大学一样的中学

平和年轻教师瞿逸冰曾在平和高中部官方微信公众号“PHHS同学少年”上发表过一篇文章。她在文章的开头写道：“万玮校长有一个理念，就是用办大学的思路办中学。”确实，平和的生态非常特别，我感觉它的气质不同于其他高中，更接近大学。

我引用她文章里的两段话：

> 平和有个社团叫涪陵学社，他们不是研究榨菜的，而是一个语言学社。他们平时会讨论一些英文单词的词源是什么，社长还和大家分享自己学习古英语的笔记。这些学生真的很厉害，学校曾邀请一位美国的人类学教授来学校做讲座，这些同学马上找到并分享了这位教授的论文。对这些学生来说，这位教授不是老师，而是同行。他们很有学术热情，每周四都聚在一起，轮流给其他学生讲语音学和语源学。

① IBDP课程指国际文凭组织的大学预科项目，此项目是为学习动机较强的16～19岁学生设立的，时长两年。——编者注

平和高中部目前有八十多个学生社团，其中相当一部分的社团都是学术社团。这些社团都是学生自发成立、自行组织的。在某些学科的细分领域里，有的学生的研究已经非常有深度。学生的学术兴趣都能得到学校的支持。平和有非常多的明星教师，他们都有自己的学术兴趣，有的教师还出版了自己的专著。平和的教师和学生不仅是知识的教授者和学习者，还是知识的研究者、创造者和发现者，因此我更愿意把他们称为学者。

这些年，我特别享受的一件事情是“校长午餐”（每周一到两次）。学生如果有各类事情需要我的支持和帮助，都可以写邮件给我，约我共进午餐。

2021 年 3 月，米未传媒签约艺人、作家傅首尔老师到平和参观，那天中午正好有“校长午餐”，我便邀请她一同参加。当天的活动由平和高中部的一个社团“校友会”发起。他们告诉我，他们打算四月份组织一个活动，邀请一些校友带着孩子到学校来参观，想请我出面给校友们介绍学校近年来的发展以及未来的规划。午餐的气氛很热烈，学生们表现出来的自主、热情及优秀的表达能力让傅首尔老师赞叹不已。她说应该把正在读小学的儿子带过来，让他有一个学习的标杆！

四、结语

平和文化交流中心专注于丰富校园文化的内涵。平和文化交流中心这几年着力打造一个文化品牌“现象”。“现象”是由老师们带着高中学生社团运营的一个科学人文讲座，邀请各领域的大家来给平和师生以及家长做讲座。“现象”的英文是“phenomenon”，起首的两个字母是“ph”，这正是“平和”两个字的拼音首字母。我给“现象”设计的宣传语是“观人间万象，现智慧心源”。

2020 年 12 月，我在长三角民办教育一体化发展论坛上发言，我发言的主题是“水土丰美，百花盛开”。我深信，在一个良好的生态系统里，学校和学生都会像花儿一样盛开。

（2021 年 4 月）

美育是教育的终极目标之一

我们到一些学校门口去，常常会看到有些学生背着沉重的书包，穿着千篇一律的校服，面无表情地走着。在他们身上，我们看不到属于青春的美，而孩子们在进入学校读书之前，原本都是活泼可爱的。

功利化的教育追求分数，不追求美，甚至认为美反过来还会影响分数。处在青春期的男生开始注重外表，是好事还是坏事？从美育的角度来看当然是好事，值得鼓励；但从功利化的角度来看则是坏事，学生的爱美之心萌动了，会影响学习，必须被遏止。

我一位朋友的女儿去英国一所女子学校读高中，我在她的微信上常看到她女儿的美照，打扮得颇为成熟。我问她："你不担心吗？"她反问我："担心什么？"她女儿所在的英国女子高中要求学生每天要化淡妆，学会打扮自己是学校的培养目标。要是在我们的学校，老师若看到女生化妆，多半会打电话给家长。

美育是什么？按照中国青少年美育协会的观点，美育有四大任务：一是培养和提高学生感受美的能力，二是培养和提高学生鉴赏美的能力，三是培养和提高学生表现美、创造美的能力，四是培养和提高学生追求人生趣味和理想境界的能力。

有人将美育等同于艺术教育，事实上今天的艺术教育也存在功利化的现象。一些从艺术院校毕业的学生，外表看起来有些艺术气质，但一举手一投足就显露出自己底蕴不足。很多学艺术的学生当年都是因为文化课成绩不行，为上大学而走上艺术教育的道路，虽然在专业技艺方面比普通学生多下了点儿功夫，但知识底蕴与人文素养却差了许多。

美国教育学家莉莲·卡茨教授认为，大多数学习活动都在三个层面进行，分别是知识、能力与气质，而气质是最重要的目标之一，也是教育的终极目标之一。

最近“颜值”这个词比较火，在我看来，颜值包含两个方面——容貌与气质。容貌是天生的，气质却可以培养。我常常想，学校应把提升孩子们的气质当成一项重要的任务。在职场中，有时候分数与知识技能还真不如气质来得重要，我们的教育太短视了。我不知道别人是怎么想的，我在看到我教的男生英俊挺拔、女生明媚动人时，我就觉得自己的教育挺成功的。学校不能改变孩子的基因，但可以改变孩子的气质。

当然，更重要的是，一个气质出众的人，必定具备很高的审美素养。而一个懂得审美的人，更可能幸福地过一生。幸福不是物质层面的享受，而是精神层面的追求。一个人能感受到美，懂得欣赏美，精神才不会空虚，才能有更多的心灵愉悦。

培养学生的气质，需要学校有坚实的文化底蕴。对于学校来说，美育是一个全方位的工程。

首先，学校应尽量多开设美育课程，包括音乐、美术、形体、舞蹈、话剧、朗诵、演讲等。以学习成绩为主的评价体系也非改不可。当学生的美育素养在其升学过程中也能和应试成绩一样发挥作用时，美育课程在学校的地位也会大大提高。

其次，美育是全人教育，要提升学生的综合素养。气质不是一种确定的技能，而是一种由内而外的自然流露，需要坚实的人文底蕴。西方国家的基础教育乃至大学本科教育，多以通识教育为主要目标，将分数与技能放在次要地位。

耶鲁大学的一位校长曾说过，如果一个学生从耶鲁大学毕业后，居然拥有了某种很专业的知识和技能，这是耶鲁大学最大的失败；而自由地发挥个人潜质，自由地选择学习方向，不为功利所累，为生命的成长确定方向，为社会及人类的进步做出贡献，才是耶鲁大学对学生的期望。

最后，如果把学生比作鱼，那么学校就是水，养鱼先养水。学生是浸润在校园中的，校园中的一切，包括校园环境、校园文化、教职员工、规章制度等，无一不对学生的心灵产生影响。我们希望培养出美的学生，先要问一问：校园美吗？文化美吗？教师美吗？如果都不美，美育终究还是一场空谈。

（2016 年 7 月）

让学校成为作品

一、做事三境界

世界上数十亿人，每天要做数以亿万计的事：大事、小事、破事、平凡事、聪明事、傻事、急事、要事、非常事……当然，也有人一生只做一件事。有些人做事高明，有些人做事呆板，有些人做事浮躁，有些人做事踏实，有些人做事举轻若重，有些人做事举重若轻。在我眼中，做事有三个境界。

1. 规范

第一个境界，是规范。我们在做一件事之前，首先得摸清楚这件事的基本规则，知道它的来龙去脉。任何一个领域都有一些基本常识，这些常识就是规范。例如，一位新教师在上课之前必须知道一节课通常分为几个步骤（包括热身或引入、新知识讲授、变式练习、拓展和总结）以及备课、布置与批改作业的基本规范。懂得规范，才算入门。

然而，若做事只停留在规范这个层面，也是有问题的。有一句话叫“不以规矩，不能成方圆”，但过于讲规矩，反而会抑制人的发展。从本质上说，人的成长就是一个试错的过程。犯过的错误越多，就可能越成熟。固守规范或过于强调规范，便会陷入不求有功、但求无过的境地，人便会迅速变得平庸。

一件事，规则越多，空间越小；规则越少，空间越大，但也越难做。就好像围棋的规则相对比较简单，但是却最难下。做事情也一样，如果希望有大的发展，应力求简化规则。

2. 技巧

第二个境界，是技巧。规则很好掌握，但不同的人做事却会得到不同的结果。在符合规则的前提下，尽量把一件事情做到最好，这背后是有技巧的。就如同上一节课，如何组织学生活动、如何在教师的教与学生的学之间达到一种平衡、如何关注每一名学生、如何让每一名学生都参与到课堂之中，这些都是有技巧的。我们需要动脑筋、找规律，静下心来去感悟体会。

不是所有人都能掌握做一件事情的技巧的，有些人不愿下苦功，有些人的智慧与悟性不够。然而，若过于注重技巧也有弊端，就像现在很多报考艺术院校的美术或音乐特长生，他们的技巧都练得不错，但未来成大家的却是少数，因为成大家是需要进入第三个境界的。

3. 艺术

第三个境界，是艺术。我们要想将一件事做成艺术，除了必须具备规范与技巧外，还需要将情感与智慧凝聚其中。简而言之，艺术是包含生命的。

平和每年都会为初中毕业生做一本纪念册，负责人会请我给学生写一段祝福语。我每年都会写不同的话语然后签上自己的名字。有人问我为什么每年都要重新写祝福语。每年都用一段相同的话当然更省时省力，但这里面的差别就是，你当年写的东西是有生命的，是鲜活的，记录了你当时的生命状态。就好像过年时你会给大多数人群发短信，但是少数重要的人，你会单独拟一段话，传递不同的信息。

人的一生忙忙碌碌，有人把自己活成规范，有人把自己活成技巧，有人则把自己活成艺术。中国儒家追求的人生境界是“从心所欲不逾矩”，在规则的世界里，不显露任何技巧，自由自在，这就是人生的艺术！

二、如何进入艺术的境界

我们每一个人都可以问问自己：迄今为止做得最好的一件事，有没有达到艺术的境界？

进入艺术的境界，需要具备几个要素。

1. 熟悉规则

一艘大船在扬帆起航之前，除了要将自身的漏洞补上之外，还得知道未来会遇到哪些困难，平静的水面下有哪些暗礁。

2. 掌握技巧

每一件事情都至少有三种解决方案。分析完成一件事情的所有可能路径，选择其中的最佳方案，这就是掌握技巧。其中的难点在于，我们往往囿于固有的认知模式而看不到很多路径。这就需要我们进行认知升级，努力看到别人看不到的世界。

3. 追问初心

我们常常说回到初心，所谓回到初心就是让自己回归做一件事的最初状态。一个老手要模仿一个新手是很难的，但回到初心很重要。通常来说，要想达到艺术的境界，我们需要抛弃功利心，听从内心的呼唤，做自己真正喜欢的事情。这样，即便再苦再累，也会乐在其中。

4. 融入生命

一个人若是人生境界不高，对生命的感悟不深刻，其作品就很难流传。因此，一件优秀的艺术品，包含了作者所有的认知、技巧，包含了作者对作品本身的理解乃至对生命的理解。我们欣赏一件作品时，往往要回到作品的创作年代，追溯作者的心路历程。

三、学校教育的艺术

我从事教育工作二十多年，不能说完全达到了艺术的境界，但是我将自己对人生的理解融入学校教育管理的变革，我一直行走在追求教育艺术的道路上。

我对学校教育的艺术有三个理解。

1. 教育就是传承

我们每一个人都是时代的产物，一代人有一代人的使命。学校教育的首要任务就是传承本民族的文化，而传承，就是赋能。每一个孩子，都不是孤立的个体，他是这个家族的孩子，他是这个民族的孩子。他如果能做出一点儿成就，那么如同牛顿所说，他必是站在巨人的肩膀上。如果我们不注重传承，孩子将成为时代的侏儒。

2. 发展就是创新

人有生命，学校有生命，万事万物皆有生命。生命就是发展，发展就是变化，变化就是创新。今天的学校教育存在一个很大的问题，那就是刻舟求剑，忘记面向未来，拒绝拥抱变化，害怕挑战自我。只有发展和创新，才能解决这个问题。

3. 融合才是未来

在新时代全球化的背景下，我们与世界充分互动。中华民族的优秀传统文化一直强调“和”“合”二字，中华文化本身就是多民族文化融合的产物，而这样一种融合文化必将引领全人类走出困境。平和实施融合课程，提倡“平而不庸，和而不同”的校园文化与课程理念，强调传承优秀的中华传统文化，融合中西教育精华，这是一条适合中国本土学生的未来发展之路。

四、一所可被称为作品的学校

创建一所学校往往需要考虑天、地、人三方面的因素，而一所可被称为作品的学校，往往都是天时、地利、人和的产物。上海青浦平和双语学校（以下简称“青浦平和”）的创建就是如此吧。

上海市青浦区近几年发展迅速，其 GDP 增速居于上海各区领先地位。经济高速增长带来了对优质教育资源的迫切需求。区委区政府举全区之力办好青浦平和，将之列为青浦区 2018 年重大工程。此谓天时。

青浦区处在长三角一体化的重要地理位置，全区水网纵横，是重要的水上通道。青浦平和位于风景优美的景观大道——淀山湖大道，毗邻地铁 17 号线，是青浦新城的一块黄金宝地。青浦区政府把这块地拿出来办学，足见其对教育的重视。此谓地利。

青浦平和的投资方上海题学教育科技有限公司的创始人是三位年轻人，其中一位还是平和早年的毕业生。他们虽然年轻，但目光远大，他们的主业是地产，但对教育有一种宗教般的情怀。尤为打动我们的是，他们请到了学校建筑领域最顶尖的李虎团队来设计校园。李虎团队的设计是对传统学校建筑理念的一次重大突破与超越，青浦平和已成为青浦区乃至上海市的景观建筑。此谓人和。

当然，最后的重任会落到平和的肩上。如此超一流的校园硬件，必须承载高水平的教育软件。因此，在我担任平和教育集团总校长的同时，我们派出了自 1997 年就加入平和、现担任平和副校长一职的苏晨杰担任青浦平和的校长。平和目前实施的融合课程，其前身便是苏晨杰副校长领衔探索的原平和国际部课程。因此，她可谓是平和“融合课程之母”。

担任副校长同时兼小学部校长的牛瑛老师，在加盟平和之前，曾担任杨浦区同济大学实验学校的副校长兼小学部校长，在我眼中，她是上海市少有的集教、研、训于一体的课程专家。经过在平和的两年历练，她对融合课程的理解日趋成熟，她也将在青浦平和实践融合课程的最新成果。我们还招募了一批新教师，他们均具有硕士以上学历，且在平和实习过，理论和实践能力过硬。这一新教师群体，与苏晨杰校长和牛瑛副校长领衔的骨干团队，共同组成了青浦平和的师资力量。

另外，前期负责项目协调以及运营保障的是平和的校长助理李勇翱，他于 2017 年获得全国中小学后勤系统先进工作者，是上海市唯一获得此殊荣的校级领导。

应运而生，青浦平和；

八方来聚，天作之合。

上海青浦平和双语学校，是一个可被称为作品的学校。

（2017 年 4 月）

EDUCATION

下 篇

好的教育生态是水土丰美，百花盛开

学生和教师是学校的两个主体。在学校里，教师要退后一步，给学生更大的空间，鼓励自下而上的自我成长；校长要退后一步，给教师更大的空间，鼓励自下而上的自我创新。

好的教育生态是水土丰美，百花盛开

“绿水青山就是金山银山”的理念已经成为全社会的共识。今天，我想请大家思考一个问题：教育领域的“绿水青山”是什么？在哪里？又如何实现？

我这次分享的主题是“水土丰美，百花盛开”。我将分六点来谈我对教育生态的理解，其中前四点来自我治理学校内部生态的实践，后两点是我对学校外部生态的思考。

一、好的教育是有根的

《上海教育》杂志微信公众号“第一教育”在2018年1月刊载了一篇文章《万玮：好的教育应该是有根的，是自下而上生长出来的》。

这篇文章源自记者吴华对我的一次采访。平和每年都会举办一场新年音乐会，参演者是平和学生艺术团的学生。2018年的演出在上海交响乐团音乐厅举行，记者吴华应邀参加了此次音乐会。吴华看了音乐会后被深深地震撼了，演出之后就预约到学校来采访我。

这篇采访文章记录了我以下观点：

这些乐团都不是学校刻意打造出来的，而是在独特的校园文化中，自然而然地生长出来的。

好学校应有更大的追求。如果学校只搞一样特色，孩子正好对这个东西感兴趣当然很好，但如果孩子对此不感兴趣呢？我们要保留孩子发展的多种可能性。

学习一定要基于兴趣。在兴趣基础上，和志同道合的团队互相激励才能走得更远。但有些东西，你无论如何激发，孩子也不感兴趣——那就换别的东西。关键是，一定要给孩子选择的空间。

不仅要给孩子们宽松自由的环境，也要给老师们宽松自由的环境。

学校从某种程度上要淡化行政的力量，尽量克制“从上到下”的冲动，去支持“自下而上”的力量。

在具体操作层面，教师相当重要。一件事情，如果教师自己想做，就会做得非常好；如果教师是接受命令，只当成任务来完成，效果就会打折扣。我们要鼓励教师和孩子做他们愿意做的事情，说不定将来小苗能长成大树。

学校的艺术团最初是由几位老师自发搞起来的，艺术团能走到今天，也是一个自我生长的结果。这种旺盛的生命力，反倒不需要校长关注太多。

学生和教师是学校的两个主体。在学校里，教师要退后一步，给学生更大的空间，鼓励自下而上的自我成长；校长要退后一步，给教师更大的空间，鼓励自下而上的自我创新。

学校要做什么，校长要做什么？那就是服务，就是提供机会和土壤。

自下而上生长出来的东西是有根的，有根的东西生命力才顽强。如今平和有上百个学生社团，这些社团基本都是自下而上生长起来的，形成了多元的校园文化。

二、养鱼先养水

平和的占地面积不是很大，建筑容积率较高。过去几年，我们对教学楼之间的校园空间进行了改造，将这些校园空间连成一片并统一风格。我们将这片广场命名为“双鱼广场”。

双鱼广场的铭牌上有这样一段话：“鸟瞰平和建筑，恰似双鱼戏水；鱼戏莲叶间，海阔凭鱼跃。平和如水，师生如鱼；平和双语，水大鱼多。子非鱼，安知鱼之乐？”

2020 年教师节，我们学校在双鱼广场举行了一个名为“饮水思源”的雕塑揭幕仪式，我在发言中解释了“双鱼广场”名称的由来。

我说，“双鱼广场”的名称有以下几层含义。

第一，平和是一所双语学校，“双语”与“双鱼”发音相近。第二，平和的建筑是二十多年前一位外国设计师设计的，今天我们如果用无人机航拍，可以发现双鱼广场旁边的两幢建筑的形状恰似两条正在游泳的鱼。第三，著名财经作家吴晓波曾写过一本书《激荡十年，水大鱼大：中国企业 2008—2018》，其中“水大鱼大”的说法来自北京大学周其仁教授。周其仁解释说，中国的市场是水，企业是鱼。平和坐落在上海市浦东新区，2020 年是浦东开发开放 30 周年，平和的发展得益于浦东新区的开发、开放，正可谓“水大鱼大”。第四，为什么是“双鱼”？因为学校里有两条鱼，一条是教师，一条是学生。教师与学生共创共生，教学相长，共同生长。第五，平和提倡养鱼先养水。为什么阳澄湖大闸蟹美名远扬？无他，就是水好。对学校来说，“水”就是文化。学校的校园环境也是一种文化，优美的校园本身就是一种美育，可以滋养师生。

三、学校管理的本质

我在2019年出版了《学校管理的本质》。在书的封面上有一句话：“学校管理的本质是搭台，是成长，是赋能。”

有段时间我一直思考一个问题：谁是学校的主人？一开始，我觉得学校的主人是学校的领导，后来想到应该是全体教职工，再后来觉得应该是学生，直到我读到经济学家张五常的一篇文章。在这篇文章里，张五常阐述了“纤夫合约”。这个理论是他在20世纪提出来的，影响很大。张五常观察到，长江三峡上的纤夫会集体花钱雇佣一个监工，并允许监工用鞭子抽打出工不出力的纤夫。因为纤夫拉船是一个集体行为，如果有人偷懒，对那些卖力的纤夫就不公平。由此我想到，学校里的每一个岗位都很重要，如何激发每一个人的内在动力，才是最重要的命题。如果我们站在家长的角度来看，最重要的管理者并非校长，而是班主任及学科教师。一个孩子的成长关系到一个家庭的幸福，学校管理者应当帮助班主任与学科教师更好地工作，为社会提供高质量的教育服务。

再回头看那个问题：谁是学校的主人？答案是所有人。管理不分高低贵贱，每个人都为组织的目标服务，各自在不同的岗位上为学校发展做贡献。

学校的发展基于教师与学生的成长。教师的成长与学生的成长相辅相成。管理者的眼中要有人，一切管理都是为人的成长服务。人成长了，组织也就成长了。因此，管理就是搭台，管理就是赋能。

四、涌现优于权威

马库斯·白金汉（Marcus Buckingham）和阿什利·古多尔（Ashley Goodall）在其著作《关于工作的9大谎言》中，概括出了当今职场上十分流行的9大谎言，这9大谎言分别是：①人们在乎为哪家公司工作；②最好的计划能取胜；③最好的公司自上而下实现目标；④最好的人才是全才；⑤人们需要反馈；⑥人们可以可靠地评价其他人；⑦每个人都有潜能；⑧保持工作与生活的平衡最重要；⑨领导力是一样东西。与这9大谎言相对应的9大真相是：①团队比公司更重要；②情报比计划更重要；③意义比目标更重要；④专才比全才更重要；⑤关注比反馈更重要；⑥人们只能可靠地评估自己而非他人的体验；⑦每个人都有动能而不是潜能；⑧好之者不如乐之者；⑨领导力就是让别人追随。

我想重点解释一下真相②和真相③。

②说的是情报比计划更重要。以作战计划为例，局部战场形势多变，基层指挥官必须有决策的权力。同样，要发挥基层员工的积极性，就要向他们提供信息与情报，让他们做决策，而不是简单地提供计划，让他们执行。

③说的是意义比目标更重要。20世纪的公司强调“自上而下”，21世纪的公司强调“自下而上”。《爆裂：未来社会的9大生存原则》一书提到的第一个原则就是“涌现优于权威”。当一个组织贯彻的不是目标而是意义时，自下而上的涌现便会出现。

五、学校四象限

我在一篇文章里构建了一个“学校四象限”的模型，具体见下图。

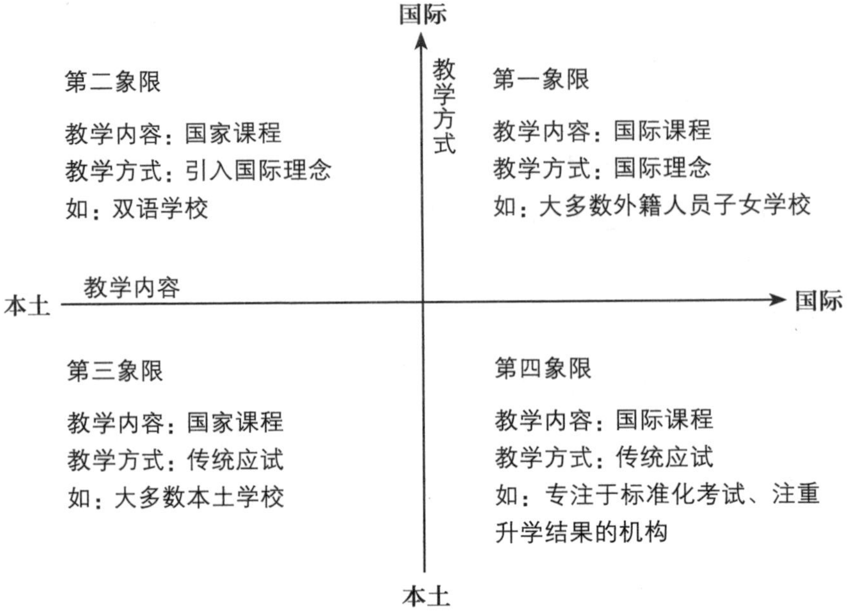

这个模型是一个直角坐标系，横轴代表教学内容，左边是本土，右边是国际；竖轴代表教学方式，向下是本土，向上是国际。

本土与国际是一个大致的说法，上海的部分家长有时候会用“体制内”与“体制外”来表述本土与国际。“体制内”面向要参加中考与高考的学生，所以倾向于应试技能的提升，训练学生在标准化考试中拿高分；“体制外”面向打算出国留学的学生，倾向于综合能力的提升，重视艺术体育、领导力、公益精神以及个性特长的培养等。

每一所学校都可以在这个模型里找到自己的位置。位置没有好坏优劣之分，只是扮演的角色与服务的群体不同。

第一象限中的学校，教学内容是国际课程，教学方式也采用国际理念，大多数外籍人员子女学校就属此类。这类学校照搬英美的教育体系，录取的也是外籍人士的孩子，这些孩子最终还是要回本国升学的。

第二象限中的学校，教学内容是国家课程，教学方式却引入了国际理念。上海很多像平和这样的双语学校，其办学定位就在这个象限。我们称之为国际教育的本土化，是用素质教育的理念教国家课程。

第三象限中的学校，教学内容是国家课程，教学方式为传统应试，大多数本土学校都属此类。高考是一个很公平的制度，分数面前人人平等。这类学校注重应试能力的培养，数量庞大。

第四象限中的学校比较有意思，教学内容是国际课程，教学方式却是传统应试。例如近年来很多专注于标准化考试（如托福或美国高中毕业生学术能力水平考试）培训的机构，坚持以结果为导向，应试成绩非常好，生意兴隆。

上海的教育生态为什么比较好？就是因为这里的学校形态各异，百花齐放，分属于各个象限。每个象限的学校都各有特色，这样就能满足不同家长的不同需求。

为什么上海会出现这样的教育生态？因为上海的城市精神可以概括为16个字：海纳百川、追求卓越、开明睿智、大气谦和。上海是一个“水大鱼大”的国际化大都市。

六、学校的变革

近几年，关于未来学校教育变革的讨论方兴未艾。专家学者各有不同的预测，但有一点是相同的：未来学校一定会发生重大变革，变革是永恒的。

让我印象深刻的是2017年上海市电化教育馆馆长张治在一个教育论坛上所做的分享《迈进学校3.0时代：未来学校变革的十大趋势》。我把这十大趋势摘录如下：

①人工智能与人类的重新分工将改变学习内容，未来那些善

于使用人工智能的老师最牛。

②学习逐渐走向个性化和终身化，学校服务从“电影院形态”走向“超市形态”。

③学校业务正在被技术公司瓜分，课程外包将常态化。

④混合式学习和合作学习将成为主流。

⑤屏读成为常态，技术深度融合将极大提升认知效率。

⑥单向灌输知识的时代将终结，教师的角色将发生重大转变。

⑦评价将发生革新，升学将基于信任而不是分数，教育将进入后文凭时代。未来的大学将全部开放，学生的文凭将不再是一张纸，而成为记录课程学习经历的数字档案。

⑧学制的概念将基本消亡，学习将成为一段不一样的旅程。

⑨学校将成为人们的精神栖所、心灵家园。人们选择学校不是为了功利的目标，而是为了寄托精神，这才是学校永续存在的最重要理由。

⑩社会教育供给机制将更加完善，教育券将成为学校的通货。

我们看到，今天家长的需求日趋多元化，满足不同需求的小微创新教育机构如雨后春笋般涌现。未来的教育生态一定极大地丰富，我们只有看到这个趋势，顺势而为，才能成为时代的弄潮儿。

七、结语：大自然的智慧

2020 年新冠肺炎疫情期间，全球二氧化碳排放量大幅降低。有人猜想，大自然作为一个生态系统，在尝试以各种方式达到让自身正常运转的目的。

我们处在不同的生态系统中，而我们自身也是一个生态系统。在不同的生态系统中，会长出不同的花。无论是在宏观还是微观层面，我们都应当致力于构建一个良好的生态系统，在这个系统里，水土丰美，百花盛开。

（2020 年 12 月）

这两种认识世界的工具，帮助我们成为更好的老师

在我的成长道路上，曾经出现过两位对我产生极大影响的老师。第一位老师很严格，每当我表现不佳时，他总是不留情面，及时指出我的错误，让我深刻反省；第二位老师很宽容，无论我表现如何，他总是给予鼓励与肯定，让我充满信心。这两位老师代表了两种人生态度，第一种是镜，第二种是灯。镜显示真相，灯指示方向。

千百年来，人类一直在探究世界的真相。人类发展到今天，自以为已经征服自然，然而一个小小的变异病毒就让我们手忙脚乱，狼狈不堪。小说《三体》里有这样一句话："弱小与无知不是生存的障碍，傲慢才是。"傲慢的人类善于遗忘，大自然缄默不语，却用自己的方式提醒。

镜与灯是人类认识世界的两种工具，这两种工具也能够帮助我们成为更好的老师。

一、心之相

1. 心之镜

人想要看清自己，最简单的方式是照镜子。远古时期没有镜子，人会跑到池塘边，以水为镜。到了春秋战国时期，青铜器铸造技术成熟，铜镜

开始普及。镜从此与中华文化结缘。

《邹忌讽齐王纳谏》选自《战国策》，文章开头是这样的：“邹忌修八尺有余，而形貌昳丽。朝服衣冠，窥镜，谓其妻曰：‘我孰与城北徐公美？’”邹忌身边的人都说邹忌比齐国最美的人城北徐公更美，但是邹忌有自知之明，他在看到徐公本人后知道身边的人是在宽慰他。邹忌以这件事劝齐威王通过纳谏更好地认识自己。

中国历史上最著名的纳谏故事是李世民与魏征共同创造的。史书记载，他俩第一次见面时，李世民质问魏征，为何要破坏他和大哥李建成的感情。魏征命途多舛，先后跟过好几个主人，最后一个就是太子李建成。魏征曾向李建成建议早点儿将李世民安排到远离首都长安城的地方去，因此李世民有此一问。魏征听到李世民的质问后既没有否认也没有求饶，只是冷冷地说，如果李建成早点儿听他的话，现在死的就不是李建成了。举座皆惊。

李世民与魏征的合作成就了彼此的好名声。魏征死后，李世民悲痛地说：“夫以铜为镜，可以正衣冠；以古为镜，可以知兴替；以人为镜，可以明得失……今魏征殂逝，遂亡一镜矣！”

镜子被发明之后，渐渐成为工艺品，并有了其他用途，如用作随葬品、贡品、赏赐品、爱情信物、法器等。人们甚至用镜子降妖除魔，如“照妖镜”。在《西游记》里，托塔天王用照妖镜来分辨真假美猴王。

在佛家那里，镜有更深的含义。“菩提本无树，明镜亦非台”出自禅宗六祖惠能大师。惠能死后，他的弟子怀让禅师常驻南岳衡山。衡山有一个著名的景点叫“磨镜台”。相传当年有一个禅师马祖终日坐禅，怀让问他坐禅为了什么，马祖说为了成佛。怀让于是拿了一块砖，在石头上磨。马祖好奇地问他在干什么，怀让说磨镜。马祖说：“磨砖岂得成镜？”怀让说：“对呀，同样的道理，坐禅岂能成佛？”马祖于是开悟。

磨镜和修行有什么关系？有一次我在教师餐厅排队时随口问排在我前

面的一位老师近期有什么心得，她说："大和小。"我问这是什么意思，她说："心小，事就大；心大，事就小。"我点点头，丰子恺先生也说过类似的话，这位老师在磨她的心镜。

除了人心，世上还有很多东西都可以成为镜子。一是时间，所谓"路遥知马力，日久见人心"；二是磨难，所谓"疾风知劲草，板荡识诚臣"；三是名利，所谓"天下熙熙，皆为利来；天下攘攘，皆为利往"；四是意外，就像 2020 年的新冠肺炎疫情，让多少人与事一夕现原形。

2. 心之灯

灯的历史更悠久。远古时代，人们将火堆当成灯。后来出现以油脂为燃料的油灯，野兽头盖骨、蚌壳、石槽等皆可为灯盏。灯芯的发明使油脂燃烧更为充分，减少了黑烟。蜡烛是凝固的可燃油脂，人们使用起来更方便。

在中国文化中，灯占据着特殊的地位。正月十五元宵节，人们要闹灯会。元宵节可追溯至汉代。道教称一年中的正月十五为上元节，七月十五为中元节，十月十五为下元节，合称"三元"。这三元分别对应天官、地官、水官。天官赐福，地官赦罪，水官解厄。正月十五早年亦被称为上元节，人们点灯是为了祈求天官赐福。到了隋唐宋，灯会盛极一时，到了清代人们正式称之为灯节。今天，元宵节的英文名称为 The Lantern Festival，Lantern 的中文意思是"灯笼"。

2019 年播出的电视剧《长安十二时辰》，背景就是唐玄宗时期都城长安的元宵节。武则天时期的大诗人苏味道曾写了一首诗《正月十五夜》，诗云：

火树银花合，星桥铁锁开。

暗尘随马去，明月逐人来。
游伎皆秾李，行歌尽落梅。
金吾不禁夜，玉漏莫相催。

黄庭坚不仅是历史上有名的书法家，而且在诗歌方面的成就也很高。他以诗圣杜甫为学习对象，开创了“江西诗派”。黄庭坚的诗，我最喜欢的一句是“桃李春风一杯酒，江湖夜雨十年灯”。

2019 年，平和邀请著名纪录片编导邓康延来做讲座。邓康延曾担任《凤凰周刊》主编，后来全身心投入纪录片的拍摄工作。南开大学召开百年校庆时放映的三集纪录片《百年南开张伯苓》便是邓康延的作品。我送别邓康延时，他向我们讲述了拍摄纪录片十年来的酸甜苦辣，还送了我一本他编的书，我也将 2019 年出版的书《学校管理的本质》回赠给他。在扉页上签名时，我突然心有所动，写下“桃李春风一杯酒，江湖夜雨十年灯”。看到这两句诗，邓康延感慨不已。

在中国传统文化里，灯有两类意象，一类凄凉，类似寒夜孤灯，另一类则比较温暖，代表希望与光明。我年少时非常喜欢的歌手童安格创作过一首《灯》，独处的时候我常常会听。

禅宗里有一个著名的故事。宋代柴陵郁禅师骑着头小毛驴过一座桥，驴一脚踩空，柴陵郁禅师从驴身上摔了下来。他在空中灵光一闪，大彻大悟，起身后作偈语一首：

我有明珠一颗，久被尘劳关锁。
今朝尘尽光生，照破山河万朵。

正所谓“一灯能破千年暗，一智能灭万年愚”。

3. 镜与灯

美国康奈尔大学教授 M.H.艾布拉姆斯（M.H. Abrams）在 20 世纪 50 年代出版的著作《镜与灯：浪漫主义文论及批评传统》是文艺批评领域的扛鼎之作。该书提出了著名的“文学四要素”理论，认为文学是一种活动，由作品、宇宙、作家、读者四个要素构成。书名“镜与灯”是一个隐喻，“镜”是作家对世界忠实的描述，“灯”则是作家心灵的选择。镜与灯的内在冲突本质是作家与宇宙之间的互动，不同的读者能读出作品的不同内涵。

镜与灯是一个文学隐喻，也是一个教育隐喻、人生隐喻。

知名学者吴伯凡老师认为，镜与灯代表了两种认知模式。他认为，“镜子”代表的是客观世界本身的图景和你对它的认知；“灯”不是直接把图景以及“本来的样子”告诉你，而是帮助你看到因为黑暗而没有看到的东西。

镜与灯相辅相成，“心”的认知能力因此变得立体而丰富。我将镜与灯做了一些粗浅的类比，聪明的读者一定能想到更多。

诤友是镜，挚友是灯。我们处于顺境时，诤友让我们脑门冒汗；我们处于逆境时，挚友给我们雪中送炭。

瞄准是镜，射击是灯。射击有两种方式，一种是先瞄准，后射击；另一种是先射击，后瞄准。前者适用于确定的环境，后者适用于不确定的场景。

地图是镜，指南针是灯。我们在学校里学的东西就像地图，经常会过时，因此我们需要靠指南针来引路。

物理学思维是镜，生物学思维是灯。卡尔·波普尔说，世界上的事物分为两种，一种是钟，一种是云。钟是精确的，云是多变的；钟是物理学思维，云是生物学思维。

固定型思维是镜，成长型思维是灯。固定型思维是“山重水复疑无路”，成长型思维是“柳暗花明又一村”。

逻辑是镜，禅悟是灯。逻辑认为生命本真可以描述，可以解释，可以判断；禅认为生命本真只能感受、体悟，因此不立文字，强调心传、心证。从逻辑的角度来看禅宗的公案常常是丈二和尚摸不着头脑，实际上这些公案是要教人跳出二元对立思维。有一首禅诗说“空手把锄头，步行骑水牛”。想通这首诗，也就禅悟了。

创意是镜，洞见是灯。《洞见远胜创意：世界最富创意的广告公司BBDO》指出，解决问题有两个思路，一是创意，二是洞见。创意是术，洞见是道。术是镜，道是灯。

以直报怨是镜，以德报怨是灯。孔子提倡以直报怨，而墨子则奉行以德报怨，用现代语言说，就是“纵你虐我千百遍，我仍待你如初恋”。鲁迅与胡适交恶，骂胡适最凶，但胡适从不回应。鲁迅去世后，许广平为出版《鲁迅全集》向胡适求助，胡适慨然应允，并亲自担任鲁迅先生纪念委员会的委员。胡适在给杨杏佛的一封信中说：“我受了十余年的骂，从来不怨恨骂我的人，有时他们骂得不中肯，我反替他们着急。有时他们骂得太过火了，反损骂者自己的人格，我更替他们不安。”[①]

生是镜，死是灯。阿尔伯特·爱因斯坦曾说，有两样东西是无限的，那就是宇宙以及人类的愚蠢。他还说，我们对死亡的恐惧有点儿莫名其妙，我们站在“有”的世界，试图理解“无”的问题，按照“有”的逻辑，对“无”产生恐惧。我读到这句话时，突然产生一个洞见：生与死，一个是镜，一个是灯，不过哪个是镜，哪个是灯，我并不确定。孔子说“未知生，焉知死”？马丁·海德格尔（Martin Heidegger）却说，未知

① 易竹贤，陈国恩. 图本胡适传 [M]. 长春：长春出版社，2015: 74.

死，焉知生？孔子是生而忘死，马丁·海德格尔是向死而生。

同样不能确定的还有旁观者与当局者。喜剧大师查理·卓别林一生被抑郁症困扰，他能够给别人带来欢乐，却无法让自己开心。有一个故事是这样的。一个病人去找医生咨询："您能不能治好我的抑郁症呢？我很不开心。"医生说："你为何不去看小丑的表演呢？我保证你会哈哈大笑。"病人说："我就是那个小丑。"

旁观者与当局者，哪一个是镜，哪一个是灯？

二、镜之相

意大利蒙扎市议会曾通过一项法案，禁止市民用圆形鱼缸饲养金鱼，理由是弯曲的玻璃表面会让金鱼眼中的世界变得扭曲。我想，提案者应当是动物保护组织的成员，只是换成方形的鱼缸，金鱼看到的世界就不扭曲了吗？

1. 幻象与表象

有时我们以为看到了表象，其实看到的是幻象。

有人说，眼睛是心灵的窗户。然而我早年近视，近年老花，还得了飞蚊症。得了飞蚊症的人眼前会出现一些呈点状、条状、云雾状或蛛网状的不明小阴影，这些小阴影会随眼球转动而做布朗运动，形似飞蚊，因此这种病被人命名为"飞蚊症"。飞蚊并不存在，乃是幻象。

心中的"飞蚊"更多。有时遇到一件事情，我就会把它和某一次梦境对应上。无数个清晨，我刚从睡梦中醒来，晕晕乎乎之时，总有那么一瞬，搞不清楚梦中发生的事情是真实还是虚幻。偶然间盯着一个字，越看越不像。又想起一个人，却记不得他的模样。我的一位朋友说，如果你记不起一个人的长相，那个人多半不真实。只是我的记忆着实不好。有一次跟几位小学同学聚会，他们讲起一些跟我有关的趣事，我听后目瞪口呆，竟无半点儿印象！

电影《西游记之孙悟空三打白骨精》里，唐僧对悟空说："其实我们两个很像，所以如来才会安排我们师徒一起去西天取经。我们都是只相信自己看见的东西，坚持自己认为对的事情。"

美国人亨利·莫莱森（Henry Molaison）患有癫痫病，他在被一个医生切除了一部分脑组织后再也记不住新的东西，从此人生浑浑噩噩，却意外成为脑科学专家争相研究的对象。主刀医生的外孙认为这件事背后有阴谋，写了一本书《终身失忆人》来揭秘。人类通过大脑认识世界，然而大脑究竟是如何运转的？人类对这个问题的认知还处于初级阶段。

美国科幻作家菲利普·迪克（Philip Dick）在1968年出版了一部小说《仿生人会梦见电子羊吗？》。小说的大致情节是这样的：地球上发生了核战争，政府为鼓励人们移民到外星球，承诺只要移民到外星球，就可以为每个人自动配备一个仿生人帮助其生活。所谓仿生人，即与真人一模一样的机器人。一些仿生人逃回了地球，成为危险分子。小说的主人公拿了赏金，去追捕仿生人，却怀疑他的搭档并不是人类。20世纪60年代，个人电脑还没有出现，科幻作家的想象力真是令人赞叹。这部小说后来被改编为电影《银翼杀手》。

"心"极容易看到幻象。《红楼梦》的第十二回讲了风月宝鉴的故事。贾瑞看上了嫂子王熙凤，却因被多次戏弄而病倒。一个跛足道人送给他一面镜子（即风月宝鉴），关照他只能看反面，不能看正面，若照错了，后果不堪设想。贾瑞用反面一照，里面是个骷髅，再照正面，是美丽的王熙凤在冲他招手。贾瑞忘了道士的叮嘱，沉浸在与凤姐虚幻的欢聚中，最终一命呜呼。

几年前，我在上海市张江高科技园区里看到一个黑科技。那是一个电子设备，看起来像是一面镜子，我用它去照一个斑驳生锈的青铜器古董，镜子里呈现的竟然是其原貌——端庄厚重，光彩照人。我一下子就想到了风月宝鉴，现代科技终于实现了《红楼梦》的预言！整部《红楼梦》的寓意就是一句诗：“假作真时真亦假，无为有处有还无。”曹雪芹想告诉我们，人生就是幻象。

2. 表象与真相

有时我们以为看到了真相，其实看到的是表象。

柏拉图在《理想国》中讲述了著名的“洞穴之喻”。

一群囚犯自小被关在一个洞穴中，他们的手脚被捆绑，身体无法转动。他们背对着洞口，面前有一堵白墙，有人在他们的背后燃烧了一堆火。这群囚徒因为从没有见过其他事物，于是就认为墙上的影子是真实的东西。有一个囚徒偶然挣脱了枷锁，逃出洞去，见到了真实的世界。他返回洞穴，把自己看到的东西说给其他囚徒听。其他囚徒认为他愚蠢且恶毒，把他杀死了。

美国派拉蒙影业公司 1998 年出品的电影《楚门的世界》讲述了一个现代版的“洞穴之喻”。电影的主角楚门从小生活在一个叫作“桃源岛”的小城，实际上这座小城是一个巨大的摄影棚，小城里有成千上万个摄像头，他身边的所有人都是服务于一个叫作“楚门的世界”的真人秀节目的演员。楚门对此一无所知。后来，楚门发现了这个秘密，历经艰难，最终逃出了这个虚幻的世界。

我看这部电影时有一个错觉，世界上有无数个平行宇宙，每个人都生活在属于自己的那个宇宙中。这个宇宙中的主角只有你一个人，其他人都是演员。

在现实生活中曾发生过与《楚门的世界》情节类似的故事。1915 年袁世凯对复辟做皇帝非常犹豫，下不了决心。他的大儿子袁克定想当太子心切，于是就动了歪脑筋。袁世凯喜欢读《顺天时报》，袁克定专门为袁世凯量身定制了一份《顺天时报》，袁世凯每天读到的都是劝他早日登基的文章。他感觉自己做皇帝是民心所向，众望所归，于是迈出了导致身败名裂的那一步。等到他发现外面的《顺天时报》跟他读到的不一样时，后悔已经来不及了。

1915 年，意大利著名文艺批评家、历史学家、哲学家贝内德托·克罗齐（Benedetto Croce）提出了一个著名命题："一切历史都是当代史。"后来这个命题流传甚广，影响甚大。美国著名管理学大师詹姆斯·马奇（James March）说过一句类似的话，他认为我们认定的真理，不过是人类可理解的共识，往往与真相无关。

法国人类学家克劳德·列维－斯特劳斯（Claude Lévi-Strauss）是一位结构主义哲学大师。他说，历史其实是人的一种主观幻觉，过去是发生过很多事情，但我们不能将发生的事等同于历史。我读到这句话时，马上就想到了乐高玩具。过去发生的事情就像是乐高玩具的小部件，不同的人取不同的材料拼出完全不同的东西。历史是由事件组合而成的，而事件是被挑选过的。克劳德·列维－斯特劳斯关注的就是事物的组合方式，他将这种组合方式称为"结构"。

人眼所能看到的光只是一定波长范围之内的电磁波。哈佛大学生物学教授爱德华·威尔逊（Edward Wilson）在《创造的本源》中说，如果有一种艺术形式能够表现可见光以外的世界，那会是一种怎样的作品？

人类有太多认知盲点，有很多东西根本看不到。

美国后现代派小说作家大卫·福斯特·华莱士（David Foster Wallace）在 2005 年的一次校园演讲中讲过一个故事：

两条小鱼在水里游，一条从对面游来的老鱼向它们点头问好："早哇，小伙子们。水里怎么样？"

两条小鱼继续往前游了一会儿，其中一条终于忍不住了，它望着另一条鱼，问道："水是个什么玩意儿？"

鱼一生下来就在水里，对鱼来说，水是被忽略的存在。人类和鱼本质上并无区别。

美国投资大师查理·芒格（Charlie Munger）有一个"能力圈"理论。他认为，如果要画三个同心圆的话，最外面的是认知圈，中间的是能力圈，最里面的是行动圈。查理·芒格是投资高手，他的意思是，认知越多越好，行动越谨慎越好，绝不能做超出自己能力范围的事情。然而一个人的认知圈再大，终究是有限的。庄子说："吾生也有涯，而知也无涯。以有涯随无涯，殆已！""殆"就是危险。庄子在两千多年前就下了断言，人类想要用有限的生命探索无限的知识，注定会疲惫不堪。原因是在表象与真相之间有一个"我"，"我"要认清"我"，是很难的。

既然人类永远无法认清真相，又怎能断言真相的存在呢？

3. 身体与精神

"我"如何认清"我"？这是千古难题。"我"是"我"的一部分，若"我"认清了"我"，"我"还是原来的"我"吗？

"我"由肉与灵两个部分组成。肉是身体，灵是精神。身体包括感觉与行为，精神包括情绪与认知。感觉、行为、情绪与认知之间有着错综复杂的关系。

先说身体。我们投胎于这身皮囊，却被这皮囊所牵累。网络上有这样一句话："喜欢一个人，始于颜值、陷于才华、忠于人品、安于陪伴。"颜值高低会影响生活的很多方面。一些心理学家对性骚扰案做了研究，发现如果嫌疑人长得比较丑，被认定有罪的可能性更高，如果嫌疑人长得比较帅，更可能被认定为无罪。

人类有视觉、听觉、触觉、嗅觉、味觉等感觉，但每一种感觉又都有局限。人通过这些感觉直接认知世界，视觉是其中最主要的方式。但这些常常不够，因此需要第六感来帮忙。

对行为与认知之间关系的探讨，可谓源远流长。知易行难也好，知难行易也罢，知行合一才是正道。若知行不合一，人在精神层面一定会困惑。

再说精神。精神是一个人的操作系统。操作系统分为两层，顶层是情绪，底层是认知。情绪与认知也相互纠缠。

人们常常被某些情绪冲昏头脑。网上有很多人无原则地维护自己的偶像，已经到了匪夷所思的程度。我们今天与人交往，也要遵循一个原则：先处理情绪，再解决事情。对一个成年人而言，情绪管理能力相当重要。

精神的核心是认知。认知分为两种，一种是理性，一种是感性。

诺贝尔经济学奖得主、心理学家丹尼尔·卡尼曼（Daniel Kahneman）在其著作《思考，快与慢》中提出，人类是双系统思考，即快思考与慢思考。前者是直觉系统，运行时无意识，它依赖情感、记忆和经验迅速做出判断；后者是非直觉系统，需要主动控制，它调动注意力来分析和解决问题。人类大部分时候都是由快思考做决策，快思考有时很精准，但由于各种认知偏差，出错的概率也很高。

1879 年德国人威廉·冯特（Wilhelm Wundt）在莱比锡大学创立了第一个心理学实验室，研究身体与精神之间的关系。这标志着心理学作为一门现代学科的诞生。如今，心理学已发展成为一门体系繁杂的学科，但面对人类的心理困扰，我们很多时候依然束手无策。

知乎上有一个帖子："什么能力很重要，但大多数人却没有？"有一个回答提到了三种能力：用肉体操纵精神的能力、训练感官的能力、让自己开心的能力。这三种能力都属于心理学的研究范围，其实就是我们上面所说的行为、感觉和情绪。控制好了这三者，就会减少认知上的偏差。

心理学研究“我”，研究“心”，归根结底，是研究“心”如何认识世界的真相。世界的真相是什么？中国古人用一个字来概括，叫作“道”或者“理”。1508 年前后的一个寂静的夜里，明代大儒王阳明在贵州龙场悟道。那一瞬间，我猜想他很可能会在心里说：“朱熹误我！你说‘道’在万事万物中，格物方能致知。而今我才明白，‘道’就在心中！心即理，心外无物。”1529 年，王阳明病逝，他死前说了八个字：“此心光明，亦复何言？”王阳明肉身已死，然心灯长明。

三、灯之相

心是镜，也是灯。回顾人类历史我们会发现，探索世界真相的灯，一共有四盏，分别是：神学（宗教）、哲学、科学、艺术。按照卡尔·波普尔提出的可证伪性原则，不可证伪的是哲学，不准证伪的是神学，可以证伪的是科学。艺术是哲学的一种具象，艺术品可证伪，艺术本身不可证伪。神学与科学遥居两端，中间的大片区域，是哲学与艺术的领地。

生命的终点是死亡，对待死亡，四盏灯态度各异——科学冷眼旁观，神学敬畏有加，哲学超然物外，艺术疗愈升华。

1. 哲学与科学

一个学哲学的男孩儿回老家过年，父亲问他：“你学哲学有啥用？”男孩儿说：“当然有用啊，就比如桌上的这只鸡，你们看到的是一只鸡，我看到的是两只鸡——一只具体的鸡，一只抽象的鸡。”男孩儿的姐姐听了之后说：“那我们吃具体的鸡，你吃抽象的鸡吧。”

哲学与宗教密不可分。在文字出现之前，人类主要通过神话来探索和解释世界，例如中国文化的历史就从“三皇五帝”的神话时代开始。神学相信有一个神主宰世界，神是万能的，神掌握了宇宙的秘密，人类所要做的就是把神的旨意搞清楚。一直到近代，西方哲学家都普遍信仰上帝，一些大哲学家还用各种方式证明上帝的存在。

在西方哲学的发展进程中，曾出现过无数巨星，但苏格拉底、柏拉图与亚里士多德三人有着举足轻重的地位。苏格拉底跟孔子一样，“述而不作”（只说不写）。他的学生柏拉图写了好多书，主人公基本都是苏格拉底。晚于柏拉图两千多年的英国哲学家艾尔弗雷德·诺思·怀特海直接说，西方两千多年的哲学史都是柏拉图的注脚。

17—18 世纪，西方哲学进入大陆理性主义与英国经验主义两大势力分庭抗礼的阶段。当时的哲学对于“心”的认知方式大致有三类：上帝、经验与理性。第一类不必详说。第二类信奉经验，认为只有被人感知到的可重复的东西才是确凿可信的，这一派的代表人物是曾说过“知识就是力量”的英国人弗朗西斯·培根（Francis Bacon），他提出建立在观察和实验基础上的科学归纳法才是认知世界的最好方法。第三类信奉理性，开创者是法国人勒内·笛卡尔（René Descartes）。他认为，人的感官认识到的“物”太有限了，人完全可以不依靠外部经验，纯粹通过理性的力量来直达真相，其中最重要的途径就是数学。勒内·笛卡尔与伏尔泰（Voltaire）、让－雅克·卢梭（Jean-Jacques Rousseau）等人扛起理性主义大旗，英国的戴维·休姆（David Hume）、约翰·洛克（John Locke）等人则高举经验主义的火炬。

今天许多教育者争论先天基因与后天环境哪一个对孩子的影响更大。经验主义认为后天环境对孩子的影响更大，因为人心是“白纸”，一切都是后天画上去的；理性主义则倾向于先天基因对孩子的影响更大，因为人心是“大理石”，先天就有内在的纹理，等待我们去发现。

这之后，康德创造了一套理论，把经验主义与理性主义综合起来。康德说，不是“物”影响“心”，而是“心”在影响“物”。这真是石破天惊的理论！在此之前，哲学家主要研究“真相”是什么，自康德开始，西方哲学就彻底进入“认识论”领域，也就是研究“心”是怎么认识世界的。这是一个历史性的转折。

在康德之后，黑格尔创立了一个哲学体系，这个体系就是一部哲学史。黑格尔说，哲学就像一条流动的、不断发展变化的河，我们要全面辩证地看。他给这条河取了一个名字，叫“世界精神”。无论什么样的哲学概念和观点，都可以在这条河里找到位置。

黑格尔的这个脑洞比较厉害，西方古典哲学就此终结。

现代西方哲学百花齐放，派系纷呈。主要来说，大致分为两大派，一派是实证主义，一派是人本主义，分别由经验主义与理性主义演化而来。

我简单概括一下西方哲学史。一开始大家相信存在一个真实的世界，但越研究越怀疑。康德给大家指明了一条路，于是大家将研究重点从客观世界转为人的认知方式，但发现仍是混沌一片。很多哲学家产生绝望的情绪，进而开始怀疑人生的意义。

说完哲学，再来说科学。古希腊时期，科学与哲学是一个整体，不可分割。1687 年牛顿发表划时代的经典力学的开山之作《自然哲学的数学原理》。在那个年代，物理学被称为自然哲学，是哲学的一个分支，科学这个词还没有被发明出来。

自那以后，自然哲学的发展速度越来越快，逐渐从哲学母体中脱离，形成自己的语言体系。这个语言体系越来越独立，与人们日常使用的语言渐行渐远。今天我们听两个科学家交谈，根本听不懂他们在说什么，看学术论文如同读天书一般。科学家强调理性思维，重视实证研究，关注可证伪性，强调大胆假设、小心求证。

如果没有科学，我们不会知道太阳系，不会知道原子核。科学拓展了人的认知边界。科学认为“心”是靠不住的，要认识世界必须建立一套摆脱“心”的主观认知的客观可靠的体系。事实上，近三百年来，科学取得了巨大成就，人类在工业革命之后取得的巨大成就，科学居功至伟。

于是，一些科学家开始膨胀，不再把哲学家放在眼里。杨振宁说，他认为物理与哲学的关系是单向的，物理学影响哲学，哲学从没有影响过近代物理学。史蒂芬·霍金则说，哲学死了，哲学跟不上科学的发展步伐了。

科学似乎胜券在握，然而史蒂芬·霍金在2018年3月14日去世了，杨振宁也老了。你还能说出哪位大家耳熟能详的物理学家的名字吗？没有。这正是物理学的大麻烦。

我们必须正视的一个事实是，过去七十多年，物理学没有任何大家公认的重大理论突破，人类科技陷入大停滞。科学界“低垂的果实”都被摘完了，科学家也很迷茫。科学家本来都相信“实在论”（“实在论”相信有一个真实的客观存在的世界），但是量子理论出现之后，有“薛定谔的猫”，有“测不准原理”，量子领域的真相我们观察不了！一些科学家不服气，比如史蒂芬·霍金就提出“依赖模型的实在论”。他承认人类永远看不到“真相”，人类看到的只是“表象”，但是可以把“心”的滤镜作用看作一个模型，只要模型符合观测到的数据，表象和真相之间就能建立切换机制，并不会有什么实质上的影响。而另一些科学家开始寻找其他出路，其中一些人倒向神学。化学家和自然科学家朱清时曾说，科学家千辛万苦爬到山顶时，佛学大师已经在此等候多时。

自从康德推动哲学转向以来，理性主义成为思想界的主流，科学迎来黄金发展期，一路狂飙突进，神学陷入泥沼。于是世界被祛魅，神学走下神坛，人类从大梦中醒来。醒来的人类本以为科学能解决所有问题，很快就可以看清世界的真相，却很快发现自己陷入了另一个泥沼——科学有边界，面对很多问题尤其是涉及意义与价值的问题时，科学无能为力。正如奥地利天才哲学家路德维希·维特根斯坦（Ludwig Wittgenstein）所说，即使一切可能的科学问题都已得到解答，人生问题也还完全未被触及。

人的主体意识一旦觉醒并膨胀，潘多拉的盒子就被打开了，多元价值观泛滥，如同“诸神之争”，没有是非对错，只有爱恨喜恶，世界的真相尚未被发现，人生信仰却茫然一片。思考人生意义，恰是东方哲学所长。许多有远见的西方哲学家都把目光投向了东方。21 世纪，东方的灯亮了。

之前我说过，艺术是哲学的一种具象化呈现。西方文艺复兴之后的艺术史大致分为四个阶段：古典主义、现代主义、后现代主义、当代主义。今天你去美术馆，凡是看得懂的、画得像的都是古典主义。1874 年，印象派诞生。古典主义关心画什么，印象派关心怎么画；古典主义的原则是精确、优美、和谐、平衡，印象派将其全部打破。原因很简单，印象派画家认为，肉眼看到的真相只是表象，还可能是幻象，真相不一定存在，那就直接画心相好了！这就是现代主义的开端。魔盒打开后，各路牛鬼蛇神纷纷登场，出现了野兽主义、立体派、表现主义、未来派、达达主义、至上主义、超现实主义、抽象派、波普主义等。

二十世纪五六十年代，后现代主义粉墨登场。古典主义关注真实的世界，现代主义关注人类的内心世界，后现代主义则否定一切，核心词是解构。网络上有一个词叫“杠精”，杠精没有自己的观点，他们的观点就是否定你的观点。后现代主义大抵如此。

1989 年，柏林墙倒塌，冷战结束。全球化浪潮席卷全球，后现代主义偃旗息鼓，当代艺术登上历史的舞台。当代艺术追求的是全球化所提倡的包容、自由、民主、平等、和平、融合等价值观。全球化的列车狂奔数十年，被特朗普紧急刹车。美国撕裂，中国崛起，世界何去何从，尚未可知。

困顿的时间不会太长，大家都寄希望于科学上的突破。如果有一天，可控核聚变实现了，脑机接口技术成熟了，人类永生并可以向外太空移民了，一个哲学与艺术大一统的新时代也许就会来临。

那将是一盏可以照亮整个太阳系的明灯。

2. 心相与真相

同样是揭示宇宙的真相，宗教走上了另一条道路。

电影《西游记之孙悟空三打白骨精》中，悟空在打死了妖怪变的人后被唐僧赶走。悟空去找观音菩萨诉苦，菩萨开导他说："你看到的是真相，你师父看到的是心相。"

科学家费尽千辛万苦，才发现宇宙大爆炸理论。1929 年美国天文学家埃德温·哈勃（Edwin Hubble）发现宇宙在膨胀。他把时间往回推，发现宇宙的膨胀必定有一个起点，这个起点具备如下特点：体积无限小，密度无限大，温度无限高，时空曲率无限大。天文学家称之为奇点，甚至还推算出大爆炸发生在大约 137 亿年前。

如果这个理论是正确的，那大爆炸之前呢？时间和空间是什么样子的？

老子在两千多年前直接下论断说："天下万物生于有，有生于无。"老子又说："道生一,一生二,二生三,三生万物。"在没有天文望远镜的年代里，老子是怎么知道宇宙并非永恒，而是"有生于无"？

佛教更厉害，直接说"缘起性空"。佛教不需要做任何科学研究，直指宇宙真相。宇宙真相就是一个字——空。什么是空？色即是空，空即是色。"我"看到的所有东西都是空的。现代物理学家经过艰苦卓绝的努力，发现物质由原子组成，原子由原子核和绕核运动的电子组成，物质的确是"空"的。把时间回溯到约 137 亿年前，宇宙就是空的。

如果真相是空，那么"我"看到的表象又是什么？《金刚经》说："凡所有相，皆是虚妄。"也就是说，表象乃是幻象。所以菩萨开导悟空说他看到的是真相，而这个真相其实也是幻象。

如果宇宙的真相是空，那么形形色色的幻象是如何被“我”看到的？佛教又说了，这次依然很干脆：“无我”！“我”也是不存在的！

宋代哲学家陆九渊说：“宇宙便是吾心，吾心便是宇宙。”宇宙是空的，“我”当然也就不存在。但是勒内·笛卡尔所说的那个“我思故我在”的“我”到底是谁？

现代科学对“我”的问题束手无策。“我”是由血肉组成的，血肉是由原子组成的，身体里那个有自我意识的“我”并不存在。“我”难道真的是灵魂吗？科学可不承认人有灵魂。

尤瓦尔·赫拉利在《未来简史：从智人到智神》中说，西方人文主义的主流是欧美自由主义，欧美自由主义有三大假设：①我有一个不可分割的“自我”。②真实的“自我”完全自由，拥有自由意志。③没有人比我自己更了解我自己，我必须自己说了算，不能让别人替我做决定。

现代科学证明，这三个假设都是错的。美国神经学家萨姆·哈里斯（Sam Harris）在 2013 年出版的《自由意志：用科学为善恶做了断》一书中说，“自由意志”是幻象，人就是一个生化傀儡，人影响不了自己，一切都是设定好的。神经生理学家通过核磁共振观察大脑的活动，可以比被实验者早几百毫秒乃至几秒知道他会做出什么决定。

回到上面的问题，既然真相是空，为什么菩萨又说，悟空看到的是真相，唐僧看到的是心相？我的理解很简单：大家都用“心”来观察他人，悟空的心是镜，他看出妖怪是妖怪，唐僧的心是灯，他看出妖怪为什么是妖怪。

我们只有点亮心灯，方能度己度人，离苦得乐。

3. 人生与世界

罗马帝国皇帝马可·奥勒留（Marcus Aurelius）在《沉思录》中说，我们听到的一切都是一个看法而不是事实，我们看见的一切都是一个视角而不是真相。弗里德里希·尼采（Friedrich Nietzsche）认为，不存在一个客观的世界。如果没有人，外部世界没有意义。

人生就是修炼，我们要擦亮眼睛，点亮心灯。我跟大家分享四个修炼的方法。

第一，复原镜像。将一根很直的筷子的一半插入水中，你会发现筷子变弯曲了。我们看见的未必是真相。因此，我们应尽量了解镜像的规律，学会复原。别人向我们描述一件事，这件事被他输入一次，又被他输出一次，然后又被你输入一次，至少经过了三次折射，如果是一根筷子，已经是弯弯绕绕的了。真实情况更复杂，因为我们周围有很多人，而每个人都是一面镜子。文化学者戴锦华老师提出“镜城”一词。她说，无数面镜子相互映照，以至于我们丧失了真实的空间和时间感，以至于我们不能度量和判断。完全复原是不可能的，我们只能尽力而为。这时候，就需要点一盏洞察的灯，以分辨幻象、表象与真相。

第二，确定坐标。我们要向黑格尔学习，画一条河，在河中找到自己的坐标。1840 年鸦片战争爆发，清政府在经历了一系列战争的惨败以及割地赔款后遭受西方文明的强烈冲击。李鸿章说此乃“三千年未有之大变局”，中国思想界全面彻底反思，出现了四种立场：第一派是复古派，以辜鸿铭为代表，坚持留辫子、纳妾、裹小脚；第二派是传承派，以钱穆为代表，倡导先继承，再改良；第三派是革新派，以顾颉刚为代表，提倡先破后立，不破不立，对传统持怀疑态度；第四派是颠覆派，以钱玄同为代表，否定传统，主张全盘西化。反观当今中国，这四种立场依然在相互交锋。

第三，超越本能。人有许多本能，本能的一种表现形式是直觉。德国心理学家格尔德·吉仁泽（Gerd Gigerenzer）在《直觉：我们为什么无从推理，却能决策》一书中说，成年人 90% 的抉择都是通过直觉做出的，人的直觉有时候很精准，但也常常出错。美国心理学家乔纳森·海特（Jonathan Haidt）在其名作《象与骑象人：幸福的假设》中讲了同样的道理，他将人类的感性比作大象，将人类的理性比作骑象人。股神沃伦·巴菲特（Warren Buffett）是一个反本能的高手，他有一句名言："别人贪婪时我恐惧，别人恐惧时我贪婪。"这就是骑象人指挥大象走。

第四，仰望星空。康德有一句大家耳熟能详的名言，他说有两种东西，他对它们的思考越是深沉和持久，它们在他心灵中唤起的惊奇和敬畏就会日新月异，不断增长，那就是他头顶的星空与心中的道德定律。在我看来，天空中有四颗闪亮的星星：一是科学——讲事实，讲逻辑，讲因果；二是哲学——学西方哲学可以提升思辨能力，学中国哲学可以反省人生；三是艺术——我们可以在艺术中感受、表达、疗愈、升华；四是信仰——相信人生为一大事来，相信天生我材必有用，相信人心向善，相信功不唐捐。

四、结语：教育与人生

世界分为经验的世界与理性的世界，经验的世界不可靠，理性的世界也不可靠。"我"分为本我与自我。本我是没有意识的我，自我是有意识的我。然而当我知道我知道我知道，我就不再是原来那个我了。

人生是一段孤独的旅程，我们不妨将其理解为一次发现之旅。人生中那些伤心、喜悦、恐惧、幸福、难堪、满足、悔恨、平静的时刻，随着时间大幕的启动，缓缓展开。无数个清醒的夜晚，你独自感受那些情绪，又真实，又虚幻。你发现了生活的真相，那就是——人生的目的就是展开。

该来的终究会来，该去的终究会去。

罗曼·罗兰（Romain Rolland）说，世界上只有一种英雄主义，就是看清生活的真相之后依然热爱生活。

我们所能做的，就是心平气和地展开，平心以对，和韵而歌。

一位老师曾向我倾诉自己遭人恶意针对的经历。他说自己一直在忍让，但对方得寸进尺。我给他的建议只有四个字：忍辱不辩。

> 昔日寒山问拾得曰：
>
> 世间有人谤我、欺我、辱我、笑我、轻我、贱我、恶我、骗我，如何处治乎？
>
> 拾得曰：
>
> 只要忍他、让他、由他、避他、耐他、敬他、不要理他，再待几年你且看他。[①]

我十分赞同上文中的观点。年少时，我脾气急躁，看别人不爽时，第一个念头就是弄个镜子让他照照。我读大学时还因此差点儿跟人打架。参加工作后我看到调皮的孩子，就想着怎么以彼之道还施彼身。这是一种镜式思维。

四十岁以后我才意识到自己的狭隘。如果真有一面镜子，还是拿来照自己。老子说："上善若水，水善利万物而不争，处众人之所恶，故几于道。"人应该向水学习，水是镜，更是灯。

好的教育者就像水一样，因地制宜，无边无际，滋养万物，宽严相济。在人的成长过程中，镜与灯就像两位老师，缺一不可：父爱是镜，母

① 刘墉. 一叶一心灯 [M]. 北京：现代出版社，2018: 135.

爱是灯；食指是镜，拇指是灯[①]；期望是镜，支持是灯；过程是镜，目标是灯。

作为教师，我们是非常幸运的。我们进入教育这个行业，在展开自己的同时也见证他人展开。让我们努力去做朋友、贵人、榜样、导师、伯乐，成为他人生命中的镜与灯。

（2021 年 2 月）

① 我们常在否定别人时用食指，肯定别人时竖起大拇指，因此，“食指是镜”指的就是从别人那里看到自己的错误，以此为镜，而“拇指是灯”就是指看到别人的鼓励，点亮心灯。——编者注

学艺术有什么用

我在手机上下载了一些音频软件，并利用闲散的时间听音频课程。一些免费的课程很精彩，一些我感兴趣的课程需要付费。付费课程通常会持续很长时间（有的甚至需要一年），但每天更新的内容不超过 10 分钟。听起来似乎很棒，每天 10 分钟，这点儿时间总能挤出来。第一个月还不错，可慢慢地，就变成周末听完一周的课，再然后，就是整月整月的空白。有一门课，一年的课都播完了，我才只听了前面几个星期的内容。

这个事情很难吗？很难。如果不喜欢，很少有人能长时间坚持做一件事。应该去做一件事但没有去做，这样的情况很普遍。例如，我观察后发现，大部分人的微信中总有一些信息是未读的。其中有一些信息我们已经看过了，但是将其标记为未读，是想提醒自己今后还要再关注；还有一些信息，我们因为种种原因，不愿意看。不管是厌恶、恐惧还是纠结，就是不愿意看，至少当下不愿意看。

人不是动物，人有自我意识；人不是机器，人有七情六欲。在一些人眼中理所当然的事情，到了另外一些人那里，也许就不是理所当然的了。我是学理工科的，自认为很理性，常喜欢跟别人讲道理。后来发现，讲道理只是偶尔有用，大部分时候，各自讲各自的道理，等到双方情绪激动起来时，完全就跟着感觉走，友谊的小船说翻就翻。

这就要说到艺术的功效了。当对方不能理性沟通时，艺术或许能提供解决问题的途径。

我身边的绝大多数年轻父母都让孩子学习艺术课程，我所在的平和也特别重视学生的艺术熏陶，对校本艺术课程的投入很大。在我看来，儿童从小学习艺术对未来的发展有三个方面的影响。

第一，把艺术发展成一个爱好或者才艺。

一些孩子喜欢画画，受到名师的点拨与鼓励后，热情高涨，绘画水平不断提高，进而成为他们一生的爱好。这些孩子心情好或者心情不好的时候都可以画上两笔，画画成为一种消磨时光的手段。一些孩子喜欢音乐，学习了一门乐器。以后他们长大了，工作了，若公司组织年会等活动，他们就能多一个崭露头角的机会。

第二，通过艺术来陶冶性情，培养气质。

为什么我们会觉得学艺术的学生很有气质？因为艺术是高雅的，在艺术学习的过程中，学生艺术水平的提升与审美能力的提升是同步的。同时，长期的艺术训练磨炼了孩子的心性，使孩子能够静下来，学会专注，学会沉思。那种艺术气质，就是一种沉静的美。

第三，艺术源于生活，高于生活，艺术贯穿于生活之中。

艺术体现在生活的各个方面。有人将人在职场中的表现分为三个层次：做完，做好，做到极致。而我提出的“做事三境界”是规范，技巧，艺术。这两者是一一对应的。根据要求和规则把一件事情做完，符合规范，是完成任务；通过不断地练习，反思、迭代，发现和掌握技巧，是把一件事情做好；而真正做到极致，就是一种艺术。在这种情况下，人是把事情作为一件艺术品来创作的，这其中蕴含了一个人对这件事的理解、对生活的理解。能把一件事情做到极致的人万里挑一。

平和从多年前就开始校本艺术课程的改革，淡化技法，注重激发学生的兴趣。例如，用学生的作品来布置校园，定期举办学生艺术作品展；让学生体验各种美术表现形式，将美术扩大至视觉艺术的范畴（平和高中部开设的视觉艺术课程每年都有很多学生选修）；将美术课程与其他课程进行跨学科整合，如初中学生秋游回来后，要创作一首诗，并根据诗的内容画一幅画。近些年，我们还尝试开发美学课程，将艺术教育上升到一个新的高度。

音乐更是平和课程的一大亮点。2018 年年初，平和一年一度的新年音乐会在上海交响乐团音乐厅举行，当天共有管乐团、民乐团、合唱团及交响乐团（分为高水平团和预备团）五个乐团上台表演，每个乐团的规模都不小。交响乐团的高水平团与民乐团共同演绎了《敦煌》，偌大的舞台甚至无法容纳两个乐团的全体成员了。

音乐艺术团体的成立与发展得益于学校音乐课程的改革。小学四年级的学生就可以选择专项音乐课，包括音乐剧、管乐、弦乐、舞蹈、合唱、表演唱等，学校每学年都要组织面向家长的汇报演出。

经过近八年的发展，平和的音乐艺术团体包括交响乐团、民乐团、合唱团、音乐剧团、爵士乐团、管乐团、打击乐团等多个乐团组织。目前共有约五百名学生加入不同的乐团中。

除了新年音乐会之外，我们从 2017 年开始还坚持举办夏季音乐节活动。2018 年的夏季音乐节有以下专场：“指尖上的诱惑”——学生原创作品演奏会，“清新民乐风”——民乐团专场，“影视‘乐’无穷”——影视专题专场音乐会，“欢乐六一”——小学部专场，“爱在平和”——平和慈善拍卖音乐会……夏季音乐节活动持续时间长，参与面广，在学校里营造了浓郁的艺术氛围。

学艺术很枯燥，很苦，但若学校营造一种氛围，让学生享受学艺术的过程，艺术就成了学生心灵的慰藉。人一生都在努力寻找心灵的安放之处，学艺术是一种解决途径。

（2018 年 8 月）

如何让活动主题词既独特又适切

一、平和校名的由来

1996 年，上海信和房产物业发展有限公司和上海市建平中学两家机构联合创办了一所学校，校名从双方的名称中各取一个字，这就是平和。

2000 年，平和被上海金桥（集团）有限公司收购。2006 年，平和十周年校庆时，学校决定对校名重新做一个诠释，任务落到作为校长助理的我与常务副校长龚德辉身上。我俩各想了八个字，龚校长的八个字是“平正达礼，和善励新”，我的八个字是“平而不庸，和而不同”。前者成为校训，后者成为校园文化。平和的校名从此有了新的含义。这八个字像是有一种魔力，已经成为平和学校文化传播的重要符号。

二、“潮平风正，道远人和”

2020 年 11 月 20 日，平和举行全校教职工定向越野活动，拉开了平和建校 25 周年系列庆祝活动的序幕。这次庆祝活动的主题词是“潮平风正，道远人和”。

“潮平风正”出自唐代诗人王湾的著名律诗《次北固山下》。诗云：

客路青山外，行舟绿水前。
潮平两岸阔，风正一帆悬。
海日生残夜，江春入旧年。
乡书何处达？归雁洛阳边。

在我心里，这首诗最好的一句是“海日生残夜，江春入旧年”，作者用一种非常高明的修辞手法表达了对美好明天的憧憬。北固山在江苏镇江，很多诗词大家都在北固山留下过作品。我个人最喜欢的是辛弃疾的两首词《永遇乐·京口北固亭怀古》以及《南乡子·登京口北固亭有怀》，尤其是后者，词云：

何处望神州？满眼风光北固楼。千古兴亡多少事？悠悠。不尽长江滚滚流。

年少万兜鍪，坐断东南战未休。天下英雄谁敌手？曹刘。生子当如孙仲谋。

2020年11月12日，浦东开发开放30周年庆祝大会在上海市举行，一些媒体的报道是“浦江奔涌，东方潮阔，而立浦东，更立潮头”。我们把时钟拨回到1992年3月26日，《深圳特区报》发表了著名的新闻通讯《东方风来满眼春》，深度报道了邓小平同志的南方谈话精神。先有改革开放，才有浦东大开发，再有平和的诞生。而今，正逢浦东倍增计划再出发，恰是“潮平风正”。

“道远人和”四个字比较常见。屈原说：“路漫漫其修远兮，吾将上下而求索。”古人云：“路遥知马力，日久见人心。”“道不远人”，二十多岁的平和，正当青壮年，虽取得了一些成绩，但胸怀理想，准备朝着更高远的目标进发，正是一幅“山高路远、马壮人强”的场景。

此次定向越野活动，全程近两个小时，对平时不太运动的老师们来说，路程略有点儿远。但各小组成员兴致盎然，相互鼓励，一路欢歌笑语走完全程，用“道远人和”来形容再贴切不过了。

平和一路走来，充满了坎坷。很多人问我平和为什么能成功，我总是回答他们六个字：“天时、地利、人和”。“潮平风正，道远人和”这八个字恰好将天、地、人三个因素全部涵盖进去了，作为平和的校庆主题词是很恰当的。当然更重要的一点是，这八个字中嵌入了平和的校名。

三、古人的嵌名游戏

“嵌名”的文字游戏古人很喜欢玩，比较常见的有嵌名联与嵌名诗，嵌名诗以藏头诗居多。

画家黄宾虹有一个好朋友叫张英杰，张英杰是著名的京剧表演艺术家，他的艺名是盖叫天，其代表作有《十字坡》《三岔口》等。黄宾虹曾创作一联赠盖叫天：

英名盖世三岔口，
杰作惊天十字坡。

国学大师余心乐先生幼年时文思出众，曾创一联答塾师：

余见心乐余心乐，
史载可法史可法。

史可法是明末名臣，据守扬州抵抗清军，城破后遇害。

袁世凯称帝后，名士王闿运写了一副著名的对联加以嘲讽：

民犹是也，国犹是也，何分南北；

总而言之，统而言之，不是东西。

安徽九华山华严祠前有一联：

清华真佛地，

庄严古洞天。

“华严”二字嵌入每一联的第二个字，称为“燕颔格”。嵌名联的嵌法格式很多，古人在格式上也是玩到了极致。

再看一个纪念一位英雄人物的墓联：

悲哉秋之为气，

惨矣瑾其可怀。

看出来了吗？这副对联纪念的是秋瑾。

另有一联，作者不详，但被赠予者却是一位大名鼎鼎的艺术家：

园静有梅独啸傲，

兰幽伴竹共芬芳。

在嵌名联里，这个叫作“品字格”，“梅兰芳”三字，恰成“品”字形状。

嵌名诗也有很多。我读《水浒传》，读到吴用装扮成相面先生，跑到卢俊义的府上题了一首反诗时，很是感慨。卢俊义好好一个英雄，被一首诗给逼上梁山。那首藏头诗是这样的：

芦花丛里一扁舟，
俊杰俄从此地游。
义士若能知此理，
反躬逃难可无忧。

元代关汉卿在杂剧《望江亭》里，创作了两首非常经典的藏头诗。女子谭记儿写了一首诗给恋人白士中：

愿把春情寄落花，
随风冉冉到天涯。
君能识破凤兮句，
去妇当归卖酒家。

白士中旋即用藏头诗回复：

当垆卓女艳如花，
不记琴心未有涯。
负却今宵花底约，
卿须怜我尚无家。

愿随君去，当不负卿！我读到此处，不禁动容。两首藏头诗的韵脚是一样的，古代文人特别喜欢这样的唱和。元曲为何能达到那样的高度？因为在元代，许多像关汉卿这样的大才子对仕途没有追求，而专心去写剧本了。

四、活动主题词应与组织文化紧密结合

学校的品牌运营是一个系统工程，日常各类活动的主题词我们要动一番脑筋好好设计，使其与组织文化紧密结合。

我们学校的朱理立书记对书画很有研究，他曾经托人请书法家刘小晴老师写了一些条幅。他将写有“近悦远来”的条幅赠给了胡悦来副校长，将写有“千峰万壑”的条幅赠给了我。

平和建校 13 周年时，隔壁的上海协和国际外籍人员子女学校非常用心，量身定制了一个刺绣的条幅工艺品，上面有四个字——以和为贵。以和为贵，非常有味道。

位于上海市松江区的上海西外外国语学校建校 10 周年时，校长林敏邀我参加，我请学校的书法老师写了一副对联，上下联各四个字：“求学以敏，育人成林。”林校长一眼就看到了自己的名字，很高兴。

浙江慈溪的慈吉教育集团 20 周年庆时诚意邀我参加。我不知送什么礼物。冥思苦想后，创作了一副对联：“慈心广大，吉运绵长。”我给同行的校长们看，他们都拍手叫好，觉得这副对联与慈吉教育集团领导者的实际情况很契合。

2019 年，平和的图书馆新馆开馆，学校请著名书法家徐宏斌先生题写馆名，我也为平和图书馆写了一副嵌名对联：

平而不庸，和而不同，平和追梦人当胸怀大志。

知其所短，行其所长，知行合一者必博览群书。

2020 年初，在上海金桥（集团）有限公司的迎新活动上，我创作了一首七律，由校长班子集体朗诵。在上海市浦东新区倍增计划的背景下，这首诗展现了金桥人昂扬向上的精神面貌。

金桥集团整装待发

金龙跃海任腾翔，桥路通达志四方。
集聚资源争日短，团结将帅用才长。
整合临港智能造，装备沪东载体房。
待到功成拂衣去，发心可鉴映滨江！

诗中出现的诸如“临港”“沪东”“智能造”“载体”等都是集团领导反复提及的词汇，是金桥未来战略的重要元素。

五、我对“平和”的诠释

这些年来，我在不同的地方对“平和”这两个字做过各种诠释。

前些年，我在网易写博客，博客的签名是六个字：“平乃安，和为贵”。

朱理立书记请资源配置中心的老师在学校一号楼底层门厅处安放了一面镜子，师生进门的时候，可以对着镜子正一正衣冠。应朱书记的要求，我写了一联：“平心正容，和气明礼。”这也暗合了平和的校训“平正达礼，和善励新”。

2019 年我给高三毕业生写的留言是：“平心观世界，和气满乾坤。”

到了 2020 年，我又写了一副对联：“平生多壮志，和睦少烦忧。”这十个字讲的是，一个人既要志向远大，积极进取，又要与人为善，谦卑温和。有才华的人常常恃才傲物，有成就的人常常气场逼人，又厉害又谦卑的人少之又少，但是我们希望学生往这个方向努力，“平而不庸，和而不同”表达的就是这种愿望。

雕塑家杨冬白先生为平和创作了一个作品——一个拉小提琴的女孩儿。这个雕像名为“平和女孩儿”，被安放在平和图书馆的侧门。在雕像落成仪式上，文化交流中心组织了一个简短的仪式，找了三个女孩儿演奏了一首曲子。

我在发言中专门为这个雕像写了一联：“平音入耳悦，和韵绕梁悠。”如果再深挖一下，其中“平音和韵”这四个字将来很可能成为平和文化体系中的一个艺术品牌。

嵌名联、嵌名诗的优点是标识性强，有雅趣，能显出文化底蕴，缺点是稍有不慎便给人以牵强附会之感。要找到浑然天成、毫无斧凿痕迹的语句，非不断琢磨推敲不可。

六、“品”与“格”

如何使各类活动主题词既独特又贴切？我认为只需要做到两个字即可——“品”与“格”。

“品”指的是品质，“格”指的是格式。古人写格律诗很讲究格式，然而在严格的格律约束下，依然有许多品质一流的诗作流传千古。嵌名是我比较喜欢的一种格式。这种格式的好处是，别人一看就知道你在宣传什么。很多广告语走的就是这种路线，比如“恒源祥，羊羊羊”“今年过节不收礼，收礼只收脑白金”“神州行，我看行”。嵌名的弊端是，如果牵强附会，可能会影响词句的品质。

2016 年平和 20 周年校庆时，我想出的主题词是“感恩平和，追梦未来”。我们至今都觉得这个主题词挺好的，因此这八个字一直挂在一号楼的大厅中。从“品”与“格”的角度看，这个主题词只能说过得去，及格分还是有的，但任何学校都可以套用。

有一年初中部组织初三毕业典礼，年级组拟定的主题词是“平心志凌云，和同前程锦”。我看了之后，一喜一忧。喜的是，年级组有意识地把“平和”两个字嵌入活动主题，值得表扬；忧的是，后半句读起来有点儿拗口，没有在格式与品质之间做到很好的平衡。我后来稍做修改，改成：“平心凌云志，和气锦绣程”。格式对仗了，意思也通顺了。

不是所有人名或学校名都适合嵌名，不嵌名同样可以做到“品”“格”出众。例如，钻石广告——“钻石恒久远，一颗永流传”；雪碧广告——“晶晶亮，透心凉”；农夫山泉的广告——“有点儿甜”；厕所标语——“来也匆匆，去也冲冲”；三菱电梯——“上上下下的享受”；等等。这些广告语朗朗上口，值得我们仔细揣摩，用心研究。

很多年之前，我特别喜欢收集一种叫“无情对”的对联，其中有许多“品”“格”俱佳的例子。据说当年明成祖朱棣曾出一联考大才子解缙，上联是“色难”，解缙脱口而出下联“容易”。这就是一个无情对。每一个字都对得极其工整，整体意思却大相径庭。

比较有名的无情对有：

陶然亭，张之洞。

孙行者，祖冲之。

唐三彩，清一色。

庭前花始放，阁下李先生。

公门桃李争荣日，法国荷兰比利时。

我最欣赏的一个无情对是：

三星白兰地，

五月黄梅天。

“三”对“五”，“星”对“月”，“白”对“黄”，“兰”对“梅”，“地”对“天”，更巧妙的是，上下联的语境乃“西”对“中”，真是鬼斧神工，清水出芙蓉，天然去雕饰，堪称极品。

这是汉语的魅力。以此观之，平和校园文化“平而不庸，和而不同”，文字简单但寓意隽永，“品”质上乘，能够广为流传也就在情理之中。

（2020 年 12 月）

国际教育遇冷，基础教育内卷，出路何在

最近几年，打算让孩子留学的家庭，面对变幻的形势和不确定的未来，开始焦虑国际化教育这条路还能不能走得通；而打算让孩子参加高考的家庭，面对教育内卷化的倾向，愈发担忧激烈的内部竞争带来的自我消耗。

未来何去何从？出路到底是什么？

一、全球本土化

朋友小夕来找我吃午饭，我俩边吃边聊。

小夕说现在有一个词很热，英文叫“Glocalization”，中文意思是“全球本土化”。我没听说过这个词，就问小夕：“什么是全球本土化？”小夕说，“全球本土化”是全球化与本土化的结合，可追溯至20世纪80年代末的美国《哈佛商业评论》。这个词的核心意思是全球化思考、本土化操作。

我请她举个例子。她说，麦当劳算是一个经典案例。麦当劳是全球最知名的快餐服务零售品牌之一。1990年，麦当劳进入中国市场，在深圳市开设了一家餐厅，现在麦当劳在中国的餐厅数已超过3500家。麦当劳的管理与营销都是标准化的。在上海市，你去任何一家麦当劳餐厅，体验几

乎一模一样。麦当劳的理念是品质、服务、清洁与物有所值，员工操作手册厚达 350 页，以确保全球每一家连锁店都达到同样的标准。

在全球标准化的基础上，麦当劳在中国的成功更多依赖其本土化的操作。首先，为中国顾客专门研制菜品。比如，1998 年满足中国顾客品味的麦辣鸡腿堡和麦辣鸡翅上市，2002 年板烧鸡腿堡上市。其次，促销手段本土化。广告的主角几乎都是普通中国老百姓。再次，紧跟中国发展潮流。2007 年，麦当劳推出“麦乐送”订餐服务，为客户提供一周 7 天、每天 24 小时的全方位订餐服务。2016 年，麦当劳所有餐厅实现支付数字化升级。

我不禁想起有一年春节，在麦当劳购买指定套餐便可获赠春节装饰品的情景。此外，麦辣鸡翅也是我的最爱。虽然担心油炸食品不健康，但偶尔还是要点个外卖。其实，全球本土化在消费领域影响深远，比如另一个快餐巨头肯德基在中国推出老北京鸡肉卷、川香辣子鸡，香奈儿、迪奥等时尚大牌纷纷加入中国元素等。

我对小夕说，这个概念不复杂，其实在教育领域，全球本土化也正在发生。

小夕很好奇，让我说说看。

二、学校四象限

我说，改革开放四十多年来，中国基础教育取得了很大的成就，极大地提升了人口素质，为经济发展提供了充足的人才。今天在上海，一个丰富的教育生态已经初露端倪。

我拿出笔，在一张白纸上画了一横一竖两条直线。我说，这是一个直角坐标系，横轴代表教学内容，左边是本土，右边是国际；竖轴代表教学方式，向下是本土，向上是国际（详见 88 页的图）。

第一象限中的学校，教学内容是国际课程，教学方式也采用国际理念，大多数外籍人员子女学校就属此类。这类学校照搬英美的教育体系，录取的也是外籍人士的孩子，这些孩子最终还是要回本国升学的。

第二象限中的学校，教学内容是国家课程，教学方式却引入了国际理念。上海很多像平和这样的双语学校，其办学定位就在这个象限。我们称之为国际教育的本土化，是用素质教育的理念教国家课程。

第三象限中的学校，教学内容是国家课程，教学方式为传统应试，大多数本土学校都属此类。高考是一个很公平的制度，分数面前人人平等。这类学校注重应试能力的培养，数量庞大。

第四象限中的学校比较有意思，教学内容是国际课程，教学方式却是传统应试。例如近年来很多专注于标准化考试（如托福或美国高中毕业生学术能力水平考试）培训的机构，坚持以结果为导向，应试成绩非常好，生意兴隆。

小夕冰雪聪明，很快反应过来。她说："第二象限的学校就是教育的全球本土化，用素质教育的理念教国家课程。"

我点点头，"你说得对！上海的教育生态为什么比较好？就是因为这里的学校形态各异，百花齐放，各有特色，能满足不同家长的不同需求。不同学校之间也可以相互学习，取长补短。"

三、封闭带来"教育内卷化"，开放才有出路

我对小夕说，全球本土化不算是热词，现在倒真有一个词特别热——内卷化。我最早是在施展老师的《枢纽：3000年的中国》一书中看到"内卷化"这个词的。施展老师说，美国的加州学派（一个研究中国经济问题的学派），用"内卷化"来解释中国晚清时人口爆炸却无法实现技术跃迁的原因。技术提升可节约劳动力成本，但是晚清的人口太多了，我看过的

一个资料上说，乾隆早期人口还不到 1.4 亿，乾隆中晚期人口已超过 3 亿。人多了，人工很不值钱，大家就没有研发技术的动力，于是就向内卷，将生产力锁死在低技术水平的状态。

今天在网络上出现的“内卷化”一词，其含义大概指低水平的重复、无实质意义甚至恶性的内耗。我问小夕：“教育界有内卷化的例子吗？”小夕不假思索地说：“剧场效应。”我点点头，“剧场效应”也算是一个小小的热词了。大家在剧场里看戏时，如果前排的人突然站起来，后排的人坐在那里什么都看不到，也只能站起来看，于是所有人都站了起来。我想起几年前在虹口足球场看中超足球比赛的经历。我坐的看台上有很多上海申花队的球迷，这些球迷一整场都站着，又唱又跳，又喊又叫。我坐在后排，也只好站起来看球。中场休息的时候，我就撤了。站着太累，也太吵，我不年轻了，折腾不动，还是回家看电视转播吧。

内卷化有一个前提，那就是封闭。如果系统是封闭的，大家没有别的选择，那么内卷是必然的结果。但是如果系统是开放的，大家有其他选择，内卷的趋势就可以得到有效遏制。就比如我看球，我有其他选择，我可以撤。小夕想起我刚刚讲过的学校四象限，恍然大悟，“难怪你称赞上海的开放精神！”

我说：“对，上海教育的内卷化现象相对来说就不是那么严重，原因就在于开放带来了教育生态的多元。”

小夕问：“是不是内卷化仅出现在第三象限的学校里？”

我摇摇头。

四、美国同样有内卷

我说，内卷化可能是一个广泛存在的现象，并不局限于某一个领域。因为资源有限，竞争激烈，即便边际效益很低，但只要还有一点点，都会有人去尝试。

有些家长厌恶应试，想让孩子初中毕业后走国际教育路线。他们在考察了外国的私立高中之后，发现只要是顶级名校，学习同样不轻松。曾获得普利策新闻奖的记者爱德华·休姆斯（Edward Humes），在美国加利福尼亚州的惠尼中学“卧底”一年后，写出了《美国最好的中学是怎样的：让孩子成为学习高手的乐园》一书。惠尼中学是美国最杰出的中学之一。在书中，爱德华·休姆斯提到了惠尼中学的魔鬼数字 4，即 4 小时睡眠，4 杯拿铁咖啡，4.0 的 GPA（平均学分绩点）成绩。学生这么努力，当然是希望被常春藤联盟学校录取。

但是，一位在常春藤联盟学校工作二十余年的大学教授威廉·德雷谢维奇几年前写了一本书《优秀的绵羊》，全面反思了美式教育。他认为，美国常春藤联盟学校的学生过于自信却输不起，故步自封，思维僵化，与社会脱节。也就是说，与中国的精英学生相比，美国的精英学生并没有本质的不同，为了进入顶尖学校他们也十分努力，也出现了内卷化的倾向，他们在现有的学校评价体系中做得很出色，却很少思考为什么要这么做。

回过头来，作为一项全国范围的选拔性考试，高考将公正、公平作为优先原则，有标准答案的客观性考试就成为必然的选择。高考选拔出的人才不仅聪明勤奋，还意志坚强，能持之以恒地努力。这些年，一代又一代人从高考中脱颖而出，逐渐成长为各行各业的栋梁。高考为国家选拔人才贡献了巨大的力量。

小夕若有所思地说：“我前不久刚读过一篇文章，文章提到，一项调查发现，只有 3% 的美国大学毕业生获得了终身受益的体验，25% 的受访者认为自己的大学体验乏善可陈。”

我想起了齐秦的那首歌。“外面的世界很精彩，外面的世界很无奈。”

五、写在后面的话

我问小夕忙不忙，小夕说很忙，单位的人手紧张，老板要求所有人加班。

我说，要从博弈论的角度看待加班。老板想让你加班你就会加班吗？你之所以同意，是因为其他员工愿意加班。这是经济学家薛兆丰老师的观点。

有一个笑话是这样说的。甲和乙在森林里遇到一只老虎，甲马上换上跑鞋，乙嘲笑他："你以为换上跑鞋就能跑得过老虎吗？"甲说："我不需要跑过老虎，我只需要跑过你就可以了。"

今天的孩子，面临的竞争门槛比我们当年要高得多。任何一个领域，竞争到了一定程度，大家都会无所不用其极，内卷化就不可避免。

小夕最后问我怎么看未来。我说："《周易》曰：'穷则变，变则通，通则久。'一件事情若真是到了穷途末路、人人痛恨的程度，也就离革新不远了。"

我把小夕送到校门口。离立冬还有几天，气温却很宜人。午后的学校，阳光暖暖，微风阵阵，天空碧蓝如洗，孩子们笑靥如花。

（2020 年 11 月）

担大任者必须具备的三个特征

如果用一句话来描述2020年，那就是灰犀牛还没躲开，黑天鹅又飞了出来。灰犀牛与黑天鹅同样指代影响巨大的事件，不同的是，灰犀牛发生的概率很大，黑天鹅发生的概率很小。你很可能看到了灰犀牛，知道它会过来，而且无可阻挡；你很可能没看到黑天鹅，猝不及防，损失惨重。

翻看历史，我们会发现动荡与冲突是常态。能与灰犀牛和黑天鹅周旋，才是真正厉害的人物，正所谓"沧海横流，方显英雄本色"。

那么，具备哪些特征的英雄，能被命运青睐，进而在时代的大潮中担当大任呢？

一、君子之道

我小时候学珠算时背了很多口诀。长大后我才明白，珠算与传统竖式加减法最大的不同，乃是竖式从个位开始算，珠算则从最大的位数开始算。相对于个位、十位上的变化，百位、千位上的积累与变化要重要得多。

《易经》是一本从高位看世间万物变化规律的书。《易经》也叫《周易》，成书于三千多年前，传说是周文王所著。《易经》中有八八六十四卦，最重要的是乾卦与坤卦，乾代表天，坤代表地，乾坤就是宇宙天地。

《易经》很难懂，古人写了《象传》来解释《周易》，其中对乾卦的解释是“天行健，君子以自强不息”，对坤卦的解释是“地势坤，君子以厚德载物”。就是说，君子既自强不息，又厚德载物。那么，君子又是什么样的人呢?

在《论语》中，孔子对君子有很多描述，如“君子不器”“君子喻于义，小人喻于利”“君子欲讷于言，而敏于行”“君子坦荡荡，小人长戚戚”等。

中华文化历史悠久，底蕴深厚，古汉语词句虽简单但意味隽永。直到我读到余秋雨先生的解读，才彻底了解了君子的真正含义，原来君子是中华文化的符号。

余秋雨先生对文化有一个定义，他认为，文化是一种成为习惯的精神价值和生活方式，它的最终成果是集体人格。集体人格的概念来自瑞士心理学家卡尔·荣格（Carl Jung），他曾说，一切文化都沉淀为人格，不是歌德创造了浮士德，而是浮士德创造了歌德。

让一个民族血脉相连的，是集体人格。余秋雨认为，每个民族都有自己独特的集体人格，中国人的集体人格，便是君子。

我认为，君子不但是中华民族的集体人格，也是所有能担大任的时代英雄的特征之一。当代君子有三个特征，分别是双面、跨界、自否。

二、双面

《易经》曰:“一阴一阳之谓道。”世界有两面，人也有两面：一面为火，一面为水；一面为表，一面为里。

美国小说家弗朗西斯·司各特·菲兹杰拉德曾说，同时保有全然相反的两种观念还能正常行事，是第一流智慧的标志。达此境界，几近于道。

1. 双角色

社会要求人扮演的，永远不会是一种角色。我们做什么，就要像什么。在家里，我们是慈父，也是孝子；在学校里，我们是严师，也是益友；在社会上，我们是吃瓜群众，也是守法公民。

在职场里，我们可能既是上司也是下属，我们既不能欺上瞒下，也不能媚上欺下。雷锋同志说，对待同志要像春天般温暖，对待工作要像夏天一样火热，对待个人主义要像秋风扫落叶一样，对待敌人要像严冬一样残酷无情。《三国演义》里程昱如此评价关羽："某素知云长傲上而不忍下，欺强而不凌弱；恩怨分明，信义素著。"意思是"我知道关羽对上不低头，对下不残忍，不怕比自己强大的人，不欺负比自己弱小的人。他赏罚分明，素来以信义著称。"随着时间的流逝，关羽成了武圣，与文圣孔老夫子并列。

孔子有一次发感慨说："觚不觚，觚哉！觚哉！"（觚是一种酒器）孔子的意思是，每个人都得把自己的角色扮演好。领导得像个领导，下属得像个下属。

我常常思考管理者的角色。有人说，基层崇法，中层崇儒，高层崇道；基层看才能，中层看德行，高层看胸怀；基层是运动员，中层是教练员，高层是裁判员。任正非说，基层要有饥饿感，中层要有危机感，高层要有使命感；基层要有意志力，中层要有组织力，高层要有方向感；要砍掉高层的手脚、中层的屁股、基层的脑袋、全身的赘肉。

做红花，就要努力承担重任；做绿叶，就要默默恪尽职守。既能上得厅堂，也能下得厨房。铮铮铁骨，亦有柔情一面。

小有小的好处，大有大的样子。

短视频《后浪》激起网络巨浪。我们曾经是后浪，终究会变成前浪。前浪后浪，都要乘风破浪。各美其美，美美与共。

若要人生精彩，就要勇于尝试不同的角色，从而发现不同的自我。

2. 双技能

我曾在开会的时候，问老师们一个问题："你是要做通才，还是要做专才？"

所谓专才，就是老天爷赏饭吃。李白说"天生我材必有用"，每个人都要努力发现自己的天赋，精心打磨，以此为生。老天爷赏的饭，不好好吃太浪费了。专才一定是人才，一招鲜，吃遍天。掌握一个技能，无人可及，不可替代。那我们为什么还要倡导培养通才？因为大多数人一辈子都不知道老天爷赏的饭在哪里，错过了最佳发展期，达不到专才的程度。

美国著名漫画作者斯科特·亚当斯（Scott Adams）创作的呆伯特系列漫画，在全世界 60 多个国家被 2000 多家报纸用 25 种语言转载。斯科特·亚当斯有一个"25% 技能法则"，意思是把一个技能练到全世界最好，如果做不到，就将两项技能都练到世界前 25% 的水平。如果一个人在三到四个领域里都能达到前 25% 的水平，组合起来，他便是千里挑一的人才。

真正厉害的人物，能在专才与通才之间自由切换。当身边的人都是专才时，你最好变成一个通才；当身边的人都是通才时，你得努力做一个专才。

网络上有一句话："不要去追一匹马，而是去种一片草。这样等到春暖花开的时候，就有一群马任你挑了。"我认为，马也要追，草也要种。欲担大任，就得对自己狠一点儿。

3. 双品格

精英大多具备多重品格。西方近代政治思想的奠基人尼科洛·马基雅维利（Niccolò Machiavelli）曾说过，理想的君主必须既是一头狐狸，也是一头狮子。狐狸有智慧，狮子勇猛。

徐悲鸿与齐白石是中国近代两位泰斗级画家，他们分别擅长画马与画虾。徐悲鸿画马之余，也画鹰；齐白石画虾之余，也画鸽。鹰与鸽正好代表两种品格的鸟类，鹰勇猛好斗，鸽温和善良。在现实生活中，鹰击长空，"鸽"颂和平，一个都不能少。

古人云，静若处子，动若脱兔。静时思考，动时执行。在这个追求速度与效率的社会，快行动背后的慢思考尤为可贵。不鸣则已，一鸣惊人；博观约取，厚积薄发。

老舍在《骆驼祥子》一书中先将祥子比喻为骆驼，之后又说祥子像"小木笼里一只大兔子，眼睛红红的看着外边，看着里边，空有能飞跑的腿，跑不出去"[①]。骆驼与兔子代表了两种不同的品格与策略。骆驼吃苦耐劳，行稳致远，"骆驼策略"是指做好了一切准备，广积粮、高筑墙，迎接未知的挑战；"兔子策略"则是骑驴看唱本——走着瞧，沿着水草丰美的地方，走一路吃一路。

数学家弗里曼·戴森（Freeman Dyson）将数学家分为两类，一类是鸟，另一类是青蛙。他在《鸟与青蛙》一文中写道："有些数学家是鸟，其他的则是青蛙。鸟翱翔在高高的天空中，俯瞰延伸至遥远地平线的广袤的数学远景。他们喜欢那些统一我们思想，并将不同领域的诸多问题整合起来的概念。青蛙生活在天空下的泥地里，只看到周围生长的花儿。他们乐于探索特定问题的细节，一次只解决一个问题。我碰巧是一只青蛙，但我的许多好朋友都是鸟。"[②]

---

① 老舍. 骆驼祥子 [M]. 汇校本. 济南：齐鲁书社，2019: 174.

② 戴森. 鸟与青蛙 [J]. 自然杂志，2009(5): 298.

我们身边的很多人细节观察能力出众，也有一些人天生有大局观。细节观察能力出众的人，应当努力开拓自己的格局；而有大局观的人，则应当致力于提升精细化操作能力。

子曰："知者乐水，仁者乐山。"这句话说的是仁德之人厚重如山，智慧之人灵动如水。刘禹锡说："山不在高，有仙则名。水不在深，有龙则灵。"王观有词云："水是眼波横，山是眉峰聚。"一代又一代文人在山水之间品悟天人合一之道，高山流水，青山绿水，依山傍水，显山露水。

胡林翼曾赠送给曾国藩一副对联："用霹雳手段，显菩萨心肠。"这十个字，说尽了曾国藩的一生，概括了他的品格。

三、跨界

能成功跨界的才是真正厉害的人物。人类历史上善于跨界的人物不胜枚举：钱伟长既是科学家，也曾是清华大学足球队的主力前锋；1965 年诺贝尔物理学奖获得者理查德·费曼（Richard Feynman），还是画家、诗人、保险柜密码破解高手、邦戈鼓演奏者和玛雅文字破译者；本杰明·富兰克林（Benjamin Franklin）既是物理学家，也是出版商、印刷商、记者、作家、慈善家、发明家和外交家；最厉害的当属达·芬奇，他除了是画家，还是科学家、发明家、音乐家、雕塑家、哲学家、天文学家、建筑工程师和军事工程师。

今天我们提倡的跨界，按照资深媒体人何力的说法，乃是超越旧我，在更高的层面创造一个新我。顶尖人才的跨界有三个维度，分别是跨学科、跨圈层、跨文化。

1. 跨学科

文科理科，缺一不可。

2020 年 7 月中旬，平和的中层培训有一个环节是读书分享。我们集体读了两本书，一本是《风格感觉：21 世纪写作指南》，另一本是《〈华尔街日报〉是如何讲故事的》。前一本书由我推荐，后一本书由课程中心的田健东博士推荐。这两本书讲的都是如何写作。我曾跟教师发展中心的雍老师说，招聘新教师时要考查写作能力。我们要考核的并不是文笔，而是思维。我们可以从一个人的文字中看出其思维能力。

我是学数学出身，最喜欢读的却是人文类书籍。作为一名学校管理者，我觉得自己的人文底蕴不足，需要不断增强。田健东是文学博士，但他上高中时是理科生，一直到高考前两个月，才决定转文科，结果他在当年的高考中考了全市文科第七十多名！

田健东博士这两年一直在打磨论证文写作课程。他在新闻媒体干了许多年，深知好的新闻报道都是有“套路”的，写作也是有“套路”的，写作教学的本质是训练学生逻辑思维能力。我深以为然。

好莱坞商业电影也是有模型的。神话学家约瑟夫·坎贝尔（Joseph Campbell）在《千面英雄》中通过归纳不同文明、宗教与信仰中的神话故事，得出所有故事都遵循同一规律和结构的结论，并将其概括为英雄之旅。好莱坞策划克里斯托弗·沃格勒（Christopher Vogler）在研习《千面英雄》的基础上，撰写出《作家之旅：源自神话的写作要义》，将英雄之旅的情节与人物模式在好莱坞发扬光大。有人将其简化如下：

> 1 分钟确定故事的基调和情绪。
>
> 3 分钟内主人公出场，交代故事背景。
>
> 10 分钟交代主人公要做什么，故事的主要内容是什么。

30 分钟的时候，第一个大的转折发生，改变了故事的走向。

45 分钟的时候，主人公开始成长。

60 分钟的时候，主人公遇到了困难，但还是克服了。

75 分钟的时候，主人公被逼到绝境，甚至崩溃，不得不从一个新的角度来看待自己。

90 分钟的时候，主人公解决了所有问题，走向自己的目标。

“故事曲线理论”说的是一个好故事分为四个部分：阐述、上升、危机、高潮和下降。其实，这就是中国古人讲的起承转合。我们学校每学期期末都有一个“教师讲坛”，各部门的教师代表来讲自己的成长故事。学了这个理论，每个人都能成为讲故事的高手。

有一些老师喜欢看韩剧，我推荐大家读一本书《韩剧如何讲故事》。知道了韩剧如何用套路抓住观众的心，你应该会有做编剧的冲动。

2020 年浙江省高考满分作文事件引起热议，我跟田健东博士交流时说，读了《风格感觉：21 世纪写作指南》的人就会知道，用简洁平实、逻辑严谨的文字把一个有深度的道理讲清楚，才是正道。

不要做一个纯粹的理科生，不要做一个纯粹的文科生，不要做一个纯粹的艺术生，不要做一个纯粹的体育生。未来无论从事什么职业，文科的自由技艺与理科的逻辑思维都是基础，年轻人要兼具科学与人文、感性与理性，做到胸中有丘壑，腹里有乾坤。这样才能有底气地出发，去面对这复杂而艰险的世界。

2. 跨圈层

我们同在一片蓝天下，却在不同的世界里。

大家都听说过“何不食肉糜”的故事。晋惠帝司马衷听大臣说很多老百姓饿死了，就问了一个很傻很天真的问题：为什么不吃肉粥呢？古代这样的皇帝有很多。大多数皇帝从小生活在京城，甚至没有离开皇宫半步，对民生一无所知。我前段时间读有关宋徽宗的书，发现宋徽宗实际上是一个很有作为的皇帝。他任贤用能发展经济，增加了国库的收入，结束了自王安石变法以来的恶性党争。除此之外，他个人的艺术成就极高。可是作为全国的军事统帅，他没去过前线，对北方游牧民族的厉害一无所知，做出了一系列错误的战略决策，最后和自己的儿子钦宗一起被金人掳到北方，北宋就此灭亡。

平和高中部的毕业生H同学，不仅对哲学、历史、社会学很感兴趣，还研究马克思主义。他特别喜欢旅游，但是跟一般的旅游者不同，他住最便宜的旅馆，乘绿皮火车，体验最原生态的生活。

我摘录一段他在高二暑假时写的行走记录。

> 旅行60天，去了10个省级行政区，行程35000公里。
>
> 一共坐了350多个小时火车，全程硬座（除沪九直通车外），最远的是从吐鲁番回上海。
>
> 去过的地方包括黑龙江省佳木斯市抚远市的黑瞎子岛、广东省湛江市徐闻县的灯楼角、新疆维吾尔自治区乌恰县的伊尔克什坦口岸、黑龙江省大兴安岭地区漠河市的乌苏里浅滩。

作为一个富裕家庭的孩子，他跨越了圈层，对社会的认知要比同龄人深刻得多。

每个人都生活在自己的圈层中，进而产生认知偏误。生活在大城市的人平时接触的人大多接受过高等教育，但实际上中国很多人并未上过大学。

我早年教过一名男生，他的父亲是企业家，一心希望儿子接班。大学毕业后，男生先被送到父亲朋友的企业里干了两年，回到自家企业后，又从最底层员工做起。在大半年的时间里，他和一线工人挤在住着十几个人的集体宿舍，没有人知道他是老板的儿子。在跟我讲这段经历的时候，他已经成为父亲最得力的帮手。他说，那几年的经历对他帮助特别大。

如今的社会圈层化日益严重，跳出圈层，就显得日益重要。我们今天大多数爆款产品，包括热卖商品、热播影视作品等，都是出圈的结果。

现代青年不妨尝试做斜杠青年。斜杠青年指一个人除了主业之外，还有一些其他的爱好，就像武侠小说里的扫地僧一样，主业是打扫卫生，副业是武林高手。这样的生活才精彩。

3. 跨文化

知名博主李子柒和奶奶住在四川省的山村里，她自己动手，丰衣足食，并把种植粮食蔬菜与制作食品的过程拍成短视频上传网络。墙里开花墙外香，李子柒首先在西方国家掀起热潮，YouTube 上有一千多万人关注了她，每一个视频的播放量都有几百万。她吸粉无数，一些外国人留言说："中国真美好。""她在重新向全世界介绍被我们忘记的那些中国文化、艺术和智慧。"如果有更多的国人能像李子柒那样让西方人感受到中国的美好，我们伟大民族复兴的进程将平顺许多。

哈佛大学教授约瑟夫·奈（Joseph S.Nye, Jr）提出著名的"软实力"理论。他在《软实力》一书中说，在过去以传统实力为主导的世界中，主要是军事和经济在发挥作用，而在信息时代则要看谁的故事更让人信服。整体而言，我们在世界舞台上，用西方人听得懂的语言讲述中国故事的能力有待提升。

"爸爸真棒"微信公众号在 2020 年 4 月 23 日发表了一篇题为《世界变局下的教育》的专访。当前全球化遇阻，疫情泛滥，一些原本打算送孩子出国留学的家长产生了疑惑。著名经济学家何帆老师却认为“留学是孩子扩展世界观所必须经历的”，他说：“在你的孩子出国之前，你应该告诉他，出国的目标不是把自己同化成一个外国人，而是掌握两种语言，两种文化，有两套操作系统，不仅仅是个双语人，更是个双文化人，可以随时切换两个文化体系，这样未来脱颖而出的机会才会更多。”

未来中国的崛起有一个不可或缺的条件，那就是在各个领域出现一大批根植于中华文化同时又具备国际视野的精英，他们有强大的跨文化理解能力，能令人信服地向世界讲述勤劳勇敢的中国人的故事。

四、自否

真正自信的人善于自省，自省的最高境界是自否。

王阳明说：“破山中贼易，破心中贼难。”在佛家那里，这个心中贼叫作心魔。

陶渊明的《归去来兮辞》里有这样一段话：“悟已往之不谏，知来者之可追。实迷途其未远，觉今是而昨非。”这段话我常读常思。如若有一天你读到一段话时，汗毛竖起，心跳加速，恭喜你，那是蛇蜕皮，蝉破茧，凤凰涅槃，认知跃升。

这样的跃升，人一生至少要有三次。

1. 自生长

我们常常成长为自己讨厌的那种人。

一位家长曾跟我讲述她的教育理念。她说自己对儿子很宽松，只希望他快乐，因此为儿子选择了国际学校。我说：“你小的时候，父母一定对你很严格吧？”她点点头，还问我怎么知道。我说：“很简单哪，你的内心深处对他们有怨恨，因此用相反的方式来教育你的孩子。”她沉默半晌，幽幽地说：“你说得对，我以为我已经释怀了，但其实并没有原谅他们。”事实上这位妈妈只是在学业上对儿子宽松，在其他方面对儿子的要求却非常严格，一如她父母当年对她一样。

心理学家卡尔·荣格说，潜意识如果没有进入意识，就会引导你的人生，进而成为你的命运。正所谓“千年和尚修成佛，多年媳妇熬成婆”。

木心说：“很多人失落，是因为违背了自己少年时的立志。自认为成熟、自认为练达、自认为精明，从前多幼稚，总算看透了、想穿了。于是，我们就此变成自己年少时最憎恶的那种人。”①

小时候，我们童言无忌，不懂就问，有话就说；长大后，我们谨言慎行，老成持重，沉默是金。小时候，我们见义勇为，疾恶如仇；长大后，我们审时度势，唾面自干。

2020 年 2 月的《纽约客》杂志有一篇关于尤瓦尔·赫拉利的报道。成名之前，尤瓦尔·赫拉利视野宏大，观点犀利。成名之后，他在以色列成立了一家公司，专门进行商业运作。如今，尤瓦尔·赫拉利参加什么论坛，接受谁的采访，都是公司运作的结果，对一些有争议的观点如何表态都有严格的纪律。成名之前，他追求的是“新”；成名之后，他追求的是“对”。

2019 年，平和的中层干部曾经集体学习过一本书《创新者的窘境：领先企业如何被新兴企业颠覆？》。创新型企业在创立之初，会逐步形成新的价值网络，以支持创新成果的达成。但这个价值网络一旦形成，就有了生命，它会把组织“套住”，成为进一步创新的阻碍。

精英一定不会让自己陷入这个怪圈。他们茁壮生长，也时刻关注自己

---

① 木心. 鱼丽之宴 [M]. 桂林：广西师范大学出版社，2013: 21.

的生长路径。他们知道自己的长处，更警惕自己的短处。他们奋起反抗，他们痛恨自己。他们对工作不满，他们对世界不满，他们有时候也会发火，但他们的头脑异常清醒，他们痛恨的不是别人，而是自己。他们之所以对人对事耿耿于怀，根源都在于对自身不完美的痛恨。

这个世界唯有变不可改变，变就是生长。生长既是初心，也是使命。

2. 自适应

在生长的过程中，人会在更高的层面达到新的平衡。南宋词人蒋捷有一首非常有名的《虞美人·听雨》，词云：

> 少年听雨歌楼上。红烛昏罗帐。壮年听雨客舟中。江阔云低，断雁叫西风。
>
> 而今听雨僧庐下。鬓已星星也。悲欢离合总无情。一任阶前，点滴到天明。

这首词描述了人生不同阶段的风景与心境。青年有烦恼，老年有烦恼，贫穷有烦恼，富裕有烦恼。人这一生，就得学会与烦恼共生。

2016 年我出版了《40 岁，开始学做教育》一书，自序中有一段话是这样的：

> 也许有人不理解，为什么对教育者而言，四十岁才是出发点。我的理解正如孔子所说："四十不惑。"所谓"不惑"，并不是没有困惑，而是不再困惑。"惑"字的结构很能说明问题，上面是一个"或"，下面是一个"心"，因为这个世界有太多的或然，因此内心感到困惑。什么时候不再困惑？就是从内心知道自

己的选择，不会被外部的纷纷扰扰所左右时。而对选择所带来的可能性，也能够坦然接受，不后悔。[1]

有人说，如果你为人间事所困，就去两个地方——一个是殡仪馆，另一个是重症监护室，去过之后，再多的烦恼也就没有了。在那里，你就会真正明白，明天与意外，不知道哪一个先来。

让人感到困惑的问题有很多。偶然与必然，哪一个是真相？实力与运气，哪一个更重要？变化与不变，哪一个是永恒？我认为，成功是偶然，失败是必然，实力很重要，运气更重要。顺其自然，欲速则不达。没有机会时，默默准备；机会来临时，紧紧把握；遭遇挫折时，反求诸己；厄运降临时，乐观面对。一切过往，皆为序章；一切不幸，皆为滋养。

面对困惑时，我们不妨尝试以下三个策略。

第一个策略是求仁得仁。不要羡慕别人，问自己究竟想要什么。如果内心想要的是平静，那就远离繁华；如果想要的是过瘾，那就做好迎接虚空的准备。

第二个策略是入世出世。有人说，正确的做事态度应该是全力以赴，同时又不抱任何希望。用入世的心对待过程，用出世的心看待结果，把预期降到最低，等待你的多半是惊喜。

第三个策略是知命辨命。有一段话广为流传："请赐予我平静，去接受我无法改变的；请给予我勇气，去改变我能改变的；请赐予我智慧，分辨这两者。""不要人夸好颜色，只留清气满乾坤"，是人生；"苔花如米小，也学牡丹开"，也是人生。道生万法，万法皆道。凡所有相，皆是虚妄。

① 万玮. 40 岁，开始学做教育 [M]. 北京：中国人民大学出版社，2016：序 2.

“其疾如风，其徐如林，侵掠如火，不动如山。”我们永远在路上，内心的平衡将最终化为平和与喜悦。

3. 自超越

人在经历了自生长、自适应之后，最终将走向自超越。

心理学家亚伯拉罕·马斯洛（Abraham Maslow）提出了需求层次理论。他认为，个体生长的内在动机是由不同层次与性质的需求决定的，这些需求由低至高分别是生理需求、安全需求、社会需求、尊重的需求以及自我实现的需求。他后来又对原有理论进行了修正，在自我实现的需求之上增加了一个新的需求——自我超越。

有一个人，39 岁之前是艺术家、教育家、哲学家、风流才子；39 岁之后遁入空门，成为得道高僧。他叫李叔同，世人称其弘一法师。

李叔同出生于富贵人家，他的家族是清末天津最有名的富商之一。他 19 岁来到上海生活，在书法、美术、戏剧、音乐上显示出惊人的天赋。我们耳熟能详的《送别》就是他作的词。他 26 岁时母亲去世，之后他去日本留学，学油画、水彩、钢琴、西洋戏剧。6 年后回国，长期在学校任教。39 岁，李叔同决意出家。

世人对李叔同的决定有很多猜疑，唯有他的学生丰子恺理解老师。丰子恺说，人的生活可以分作三层，一是物质生活，二是精神生活，三是灵魂生活。李叔同在前面两层已活得十分精彩，他有强烈的自我超越、进入灵魂生活的动机。

《水浒传》中的鲁智深，绰号“花和尚”，他喝酒吃肉，纵情江湖，快意恩仇。可有人知道鲁智深的归宿吗？在随宋江征讨方腊立下赫赫战功之后，鲁智深在钱塘江边的六和寺焚香坐化。他在纸上留下一句话：“今日方知我是我。”

正所谓“放下屠刀，立地成佛”。这是一种自我超越。

所有的锤炼，所有的磨难，都是为了成为更好的自己。

五、平和的文化

平和官网上的“校长寄语”栏目，对平和“平而不庸，和而不同”的校园文化进行了解读。

> 《易经》曰：“天行健，君子以自强不息；地势坤，君子以厚德载物。”自强不息、厚德载物是中国古人崇尚的完美人格，我们将具有这样人格的人称为君子。“平而不庸，和而不同”表述的就是君子人格。
>
> 平生多壮志，和睦少烦忧。平和人应当具备“五自”精神，即：自主、自由、自然、自省、自信。平和人肩负历史使命，致力于培养扎根于中华优秀传统文化、具有国际竞争力的成功的学习者。平和师生既胸怀大志，又脚踏实地；既独立思考，又兼容并包；既静若处子，又动若脱兔；既周而不比，又泰而不骄。

大家现在读这段话有什么样的感触？是否从中读到了担大任者必备的素质——双面、跨界、自否？

“自强不息，厚德载物”的字面意思是，一个人既要奋发图强，有所作为，又要德行深厚，容载万物。“平而不庸，和而不同”是平和对君子的解读。

六、结语：世间安得两全法

让－雅克·卢梭说，人生而自由，却无往不在枷锁之中。“世间安得两全法，不负如来不负卿。”人生处处皆两难，陷在里面就是仓央嘉措，挣脱出来就是盖世英雄。

爱尔兰剧作家萧伯纳（Bernard Shaw）就挣脱出来了，他说人生有两大悲剧，一个是万念俱灰，另一个是踌躇满志。他还说，想结婚的就去结婚，想单身的就维持单身，反正到最后每个人都要后悔。

最后我借用一句话来结束这篇演讲。如果你想过普通人的生活，就会遇到普通人的挫折；如果你想过最好的生活，就一定会遇上最大的伤害。这个世界很公平，你要想得到最好的，世界就很可能会让你痛。

（2020 年 8 月）

有国际视野的下一代方能担当大任

最近，一些原本打算让孩子走国际教育路线的朋友问我，还要不要送孩子出国读书。我的回答是，我们的下一代必须具备国际视野，才能在充满不确定的未来担负起历史与民族的责任。

我自己在学习历史的过程中有一些感悟，想跟大家谈一谈几位历史人物。

一、李鸿章

1843 年，一位 20 岁的青年奉父命，自老家安徽入京参加科举考试。青年意气风发，在旅途中写了《入都》系列诗十首，其中第一首广为流传。

> 丈夫只手把吴钩，意气高于百尺楼。
> 一万年来谁著史，三千里外欲封侯。
> 定将捷足随途骥，那有闲情逐水鸥。
> 笑指泸沟桥畔月，几人从此到瀛洲？

这位青年就是后来的晚清重臣李鸿章。

1895 年，李鸿章花费巨资一手打造的号称亚洲第一、世界第九的北洋水师在威海卫战役中全军覆没。至此，中方在中日甲午战争中宣告失败。李鸿章赴日谈判，最终于4月17日签订《马关条约》。

1901年9月，李鸿章代表清政府签订《辛丑条约》。这是李鸿章代表清政府签订的最后一个不平等条约，两个月之后李鸿章在悲愤与屈辱中去世。

有人骂李鸿章是卖国贼，也有人赞赏他。梁启超在《李鸿章传》中说："鸿章必为数千年中国历史上一人物，无可疑也。"

李鸿章曾非常有洞见地指出，中国处于"数千年未有之变局"。他自称大清的裱糊匠。作为晚清中兴名臣，他尽力为摇摇欲坠的帝国糊裱窗纸，遮风挡雨。他深受儒家思想影响，忠君爱国，同时视野开阔，锐意改革。他是洋务运动的领军人物，也是中国对外开放第一人、中国外交第一人。

日本人对李鸿章的评价是"知西来大势，识外国文明，想效法自强，有卓越的眼光和敏捷的手腕"。

资深媒体人陈为在合肥参观李鸿章的故居时感慨万千，他认为李鸿章与其老师曾国藩有三个共同的人格特质。第一，忍辱负重，即便外界不理解，也要努力把事做成。"衣沾不足惜，但使愿无违。"第二，自己成功，也要帮助别人成功。第三，有着强烈的家国情怀与担当，在民族危难之时能够挺身而出。

二、弗朗西斯·福山

中国的改革开放缔造了人类发展史上的经济奇迹，这其中有一个不可或缺的外部条件，那就是"全球化"。那什么是"全球化"呢？

美国经济学家贾格迪什·巴格沃蒂（Jagdish Bhagwati）教授有一个形象的解释。1997年8月31日，英国王妃戴安娜在车祸中身亡。贾格迪什·巴格沃蒂说："一位英国的王妃，带着埃及的男友，在法国的一条隧道里撞车，开的是一辆德国车，安装着荷兰的发动机。司机是一个比利时人，喝多了苏格兰的威士忌。追赶他们的是意大利的狗仔队，骑着日本的摩托车。为她治疗的一位美国医生，用的是巴西的药品。这个消息是一个加拿大人传出的，使用的是比尔·盖茨的技术。而你可能正在一台电脑上阅读这个消息，这台电脑用的是中国台湾造的芯片、韩国产的显示器，由一个印度的卡车司机运输，被一些印尼人截获，由硅谷的码头工人卸货，然后由一个墨西哥非法移民运送给你……我的朋友，这就是全球化。”①

中国改革开放以及加入 WTO（世界贸易组织），顺应了国际秩序的发展潮流，而这个国际秩序的主导者是美国。过去三十多年，美国不遗余力地推进全球化。美国国内对中国一直存在遏制和接触两股力量，为什么最终接触派占据上风，美国接纳中国进入全球化体系了呢？这就得提到日裔美籍学者弗朗西斯·福山（Francis Fukuyama）。

弗朗西斯·福山是新自由主义的领军人物。他认为应在政治上推崇民主政治，在经济上推行自由的市场经济，反对外在干预。他的理论影响了此后二十余年国际秩序的演变，在很长时间内是美国社会的主流价值观之一。

三、塞缪尔·亨廷顿

我要讲的第三个人是弗朗西斯·福山的老师塞缪尔·亨廷顿（Samuel Huntington）。他非常不赞同弗朗西斯·福山的观点，并写了一本书《文明的冲突与世界秩序的重建》来进行反驳。

塞缪尔·亨廷顿认为，世界上有七大或八大文明，分别是：西方文明、拉美文明、东正教文明、印度文明、中华文明、日本文明和伊斯兰文明，

① 刘擎. 做一个清醒的现代人 [M]. 长沙：湖南文艺出版社，2021: 1.

以及可能存在的非洲文明。他认为文明各有利弊，没有哪个文明更优越，因此不存在什么普世价值。文明很难改变，因此，文明的冲突不可避免。世界秩序的重建需要由各个文明圈的核心国家通过平等对话协商以及妥协让步来实现。

“全球化”与“逆全球化”是两股针锋相对的力量，弗朗西斯·福山与塞缪尔·亨廷顿是两股力量的代表。当中美贸易争端开始之后，我们逐渐发现，弗朗西斯·福山所主导的“全球化”受到质疑，塞缪尔·亨廷顿所倡导的“逆全球化”声势见涨，尤其在经济领域的“逆全球化”已现端倪。

然而，“逆全球化”也好，“脱钩”也好，并没有说起来那么容易。未来十年，“全球化”与“逆全球化”两股力量会展开更加复杂多变的拉锯较量，世界秩序也会随着各种力量的此消彼长而被重新构建。在这一历史进程中，中国是全球化的坚定支持者，对内要更加深入地推进开放，对外要参与并逐渐主导世界秩序的演变。伟大民族复兴是艰巨的历史使命，我们的下一代将面临重大考验。

中华文明是唯一延续至今的古文明，我们有足够的经验与智慧来解决各种争端、冲突与撕裂。每位教育者都有责任把中华优秀传统文化传承给下一代，同时让他们在全球化的今天具有足够宏大的国际视野。

四、结语

学习历史，是为了搞清楚我们从哪儿来，居于何处，要往哪儿去，以及我们的下一代将要面对什么样的世界形势，承担怎样的历史使命。

思路决定出路，格局决定结局。

（2020 年 8 月）

我们该如何过好这一生

“此情可待成追忆，只是当时已惘然。”“不识庐山真面目，只缘身在此山中。”在迷惘的日子里，我想跟大家谈一个重要的话题：该如何过好这一生？这个话题关乎人生观与价值观。人生观与价值观决定了一个人如何看待世界，如何看待人生。2018 年，我做的开学演讲的主题是“融合课程的方法论”，方法论是实践层面，这次我想谈一谈价值观，价值观是精神层面。

我之所以要讨论人生观与价值观，是因为我们这一生在工作生活中要面临很多烦恼。人生的烦恼大抵可以分为 8 类：放不下，想不开，看不透，忘不了，舍不得，输不起，得不到，甩不掉。如果用一个词来概括，就是“着急”。人生苦短，我们都太着急了。着急的情绪弥漫在教育与人生的每一个角落。许多烦恼，若用着急的心情看，是一道难过的坎，若用不着急的心情看，则是另外一番景象。

一、曾国藩的奇迹

假如有两个学生，甲天纵奇才，根本不需要教师教，乙天资愚钝，努力用功还经常考试不及格。如果你是教师，你喜欢谁？如果你是家长，你希望自己的孩子是甲还是乙？年轻人多半会选择甲，上了点儿年龄的人想法可能不同。甲从小生长在万众期待之下，成年之后在心理、人格、精神层面出问题的风险反而更大，到了那时候，家长反倒希望孩子是个普通人。

曾国藩、左宗棠、李鸿章、张之洞是晚清中兴四大名臣。曾国藩最年长，左宗棠是他的幕僚，李鸿章是他的门生，张之洞出生稍晚，比曾国藩小 26 岁。左宗棠是学生甲，20 岁就中举人，据说当时的人“一见即惊”。左宗棠写信常署名“今亮”，意思是说自己是当今的诸葛孔明，见识韬略无人不赞。曾国藩是学生乙，他的天资一般，甚至可以说是愚钝。他从 14 岁开始，跟随父亲应童子试，连续 8 年，父子双双败北。

曾国藩后来创立湘军，军功盖世，权倾朝野，但仍有人看不起他。作为曾国藩的幕僚，左宗棠真心看不起自己的上司，在跟朋友的信件中经常说曾国藩欠才略。李鸿章甚至当面说老师做事时反应太慢。

曾国藩 23 岁考上秀才后，突然开窍，一年后中举，28 岁考上进士，很快进京。对曾国藩来说，30 岁是一个分水岭。30 岁之前，他是一个普通的低级别官员，身上有许多缺点：浮躁——与同僚争吵甚至动手打架；虚伪——言不由衷，言行不一；抽烟——不但抽，烟瘾还不小；好色——曾醉酒后在同事家调戏主人家的小妾；沉湎游戏——几乎每天都下围棋。曾国藩自己也十分痛恨自己，终于在 30 岁的某一天，他忍无可忍，立下鸿鹄之志——与过去的自己决裂，立志成为圣人。他每天坚持做两件事，一是静坐，二是写日记。静坐是为了摒除欲念，写日记是为了不断反思。他将这两件事坚持了一辈子，算是具备了另一种“结硬寨、打呆仗”的本领。

曾国藩有一些可贵的思想。有些人总是喜欢用巧劲儿，走捷径，着急出成果，很难忍受板凳坐得十年冷。曾国藩恰恰是一个不着急的人，他的很多名言极富哲理。如“久利之事勿为，众争之地勿往。”“观人四法：讲信用，无官气，有条理，少大话。”“天道忌巧，天道忌盈，天道忌贰。”

巧是巧劲儿，投机取巧；盈是满，骄傲自满；贰是二心，不忠诚。

我这次想跟大家着重分享他的另外三句话：既过不恋，当时不杂，未来不迎。

二、既过不恋

既过不恋，就是不要去留恋过去发生的事情。

1. 发生即最好

2018 年 5 月，四川省广安市邻水县的一位父亲惩罚上六年级的儿子挑粪成为网络热点。在网络上热传的视频中，一名系着红领巾的少年，肩挑两只未装满的粪桶，踉踉跄跄地走在乡间小路上。孩子回家之后，当天就写了一篇题为“难忘的一天”的作文，作文的开头是这样的：“人的生活有苦有甜。由于我没做作业被老师逮住了，所以爸爸把我带到农村，让我挑了半天粪。”

原来孩子连续两天未完成作业，爸爸与其约定，如果第三天还是没有完成作业，就下乡挑粪。一约既定，万山无阻。孩子的爸爸当真了，不但履约，还录下了那段流传于网络的视频。

这件事引起热议，有人说这位爸爸的做法太极端，也有人拍手叫好。叫好归叫好，若是自己的孩子，多半舍不得下手。

我上大学时，稀里糊涂地参加了一年军训。现在我挺感激这段经历的，虽然当时吃了不少苦，但如果不是当年的这个新生军训制度，我根本不可能主动选择到部队待一年，我的人生经历也就因此缺少了重要的一环。

很多家长小时候吃过不少苦，长大后搭上时代发展的快车，通过个人奋斗为自己的子女创造了相对优越的成长环境。他们觉得孩子娇生惯养不好，想让孩子经历自己当年艰难的成长岁月。平和初中部有一个持续了十几年的暑期社会实践课程，三个年级的学生分别与安徽省六安市金寨县、四川省凉山彝族自治州等地的学生结对，甚至住到结对学生的家中，体验当地的生活。家长普遍反映孩子回来之后更加懂事了。

这个课程设计自然、真实、有效。我们都知道多经历一些事情、多一点儿磨难对成长有帮助，可是如果刻意为之，反而会弄巧成拙。

人生常有这样的矛盾。孟子说“天将降大任于斯人也，必先苦其心志，劳其筋骨”，然而又有几个父母会主动选择让孩子经受磨难呢？磨难有益，但那要等到通过磨难的考验之后，万一没通过呢？谁会主动弄险？

更加理性的态度应该是：没事不惹事，有事不怕事。一切都是最好的安排。家境优渥当然好，家境一般也内心坦然。林则徐曾说过：“子孙若如我，留钱做什么？贤而多财，则损其志。子孙不如我，留钱做什么？愚而多财，益增其过。”

孩子若是天才我们固然开心，但若直接跳过了修行的过程，他的成长终有缺憾；孩子若愚钝一些我们也不必难过，他经历更多的磨难，也许人生的底色将变得更加厚重，就如同高纬度地区的木材，虽然长得慢但质地更好。

是福不是祸，是祸躲不过。我如果生活在 1937 年 8 月，是国民革命军的一名士兵。日军发动八·一三事变大举进攻上海后，我该怎么办？当逃兵吗？怎么可能！大丈夫当杀身成仁，报效国家。人固有一死，或重于泰山，或轻于鸿毛。青史留名的机会是可遇而不可求的。临死之前，或许我会吟两句诗：“我自横刀向天笑，去留肝胆两昆仑。”

有些事发生了就是发生了，就像泼出去的水、说出去的话无法收回一样。时光不能倒转，我们应目光向前，既过不恋。

2. 斯多葛主义

“不以物喜，不以己悲”出自范仲淹的《岳阳楼记》，在中国传统文化中，这是个人修养的极高境界，普通人很难做到。我对这句话的理解是，要做一个积极的悲观主义者。

一个人为什么会有情绪波动？因为结果与预期不符，正所谓希望越大失望越大。如果凡事都做最坏的打算，无论结果如何都有心理准备，怎么会悲伤呢？有人可能会说，如果这么悲观的话，倒是不会悲伤了，但是万一最好的结果发生了，岂不是会大喜？真正的悲观主义者并不会。

斯多葛学派是古希腊重要的哲学派别之一，这个学派的大部分观点比较悲观，我列举两个。第一，你有你的计划，世界另有计划。理性对待各种可能，总是设想最坏的结果。第二，凡事都包括可控部分与不可控部分，放弃不可控部分，专注于可控部分。

历史上的许多著名人物都是斯多葛主义者。第一位是罗马帝国皇帝马可·奥勒留。他在著名的《沉思录》中写道：“每天开始的时候就告诉自己：我将会遇见某个好管闲事的人、忘恩负义的人、狂妄粗野的人、奸诈阴险的人、善嫉的人。”[①] 第二位是法国大作家罗曼·罗兰，他说，真正的勇气是知道生活的真相，却仍然热爱生活。第三位是奥地利诗人莱内·马利亚·里尔克（Rainer Maria Rilke），他说“我们必须全力以赴，同时又不抱持任何希望……不管做什么事，都要当它是全世界最重要的一件事，但同时又知道这件事根本无关紧要。”[②]

斯多葛学派的哲学家卢修斯·阿奈乌斯·塞涅卡（Lucius Annaeus

① 奥勒留. 沉思录 [M]. 李娟，杨志，译. 上海：上海三联书店，2009: 31.

② 少卿. 逆向思维：如何化解你内心的焦虑 [M]. 北京：中国商业出版社，2020: 34.

Seneca）曾经安慰一位丧子三年的古罗马女人："我们拥有的一切都是从幸运女神那里暂借而来，她随时会把它收走。"他还说，爱我们所爱，但要知道我们所爱的都是朝露。因此，斯多葛主义者期待最好的，接受最糟的。当最好的结果来临时，他们也不会欢喜，因为他们知道，这个结果如同朝露，注定会消失。

如果要给斯多葛主义者的悲观加一个定语，那应该是"积极的"——凡事积极作为，全力以赴，然后对结果一无所求。既过不恋，就是做一个积极的悲观主义者，做一个理性的修行人。

我曾经写过一篇文章，标题叫《教育的结果是分离》。无论是家长还是教师，陪伴孩子的时间只有有限的几年。我们期待孩子成长，但孩子成长的结果却是与我们分离。悲伤吗？我们要学习斯多葛主义者，不悲不喜。

3. 内圣与外王

平和高中部的林燕盈同学在 2019 年 5 月拿到了国际哲学奥林匹克竞赛的银牌，这是中国历史性的突破。学习强国 App 上专门有一篇文章《在"奥哲"舞台讲好文明互鉴的中国故事》讲述了这件事。中国哲学与西方哲学走的是完全不同的路径。西方哲学讲究形而上，只有接受过良好教育的精英才能理解；中国哲学讲究形而下，思考的是人生问题，即便普通人也能说出很多富含人生哲理的话语，诸如"静坐常思己过，闲谈莫论人非""害人之心不可有，防人之心不可无""在家千日好，出门事事难"等。

中国哲学的最高追求是"内圣外王"。内圣，就是追求内心的修行，立德；外王，就是要像君王一般成就一番事业，立功。中国各哲学流派在这一点上高度统一。儒家讲格物致知、诚意正心、修身齐家治国平天下，其中“格物致知”“诚意正心”是内圣，“齐家治国平天下”是外王。道家讲“无为而无不为”，“无为”是内圣，“无不为”是外王。佛家的禅宗讲究不执着，不说破，并且不执着于“不执着”，无论是在家还是在寺，只要一念不起，皆可成佛。做到内圣，便是外王，也就是说，不一定要去做真的君王，做自己的君王便能成佛。

如果浅显地来理解，内圣是出世，外王是入世，圣人追求的是入世与出世的完美结合。平和倡导的价值观是“平而不庸，和而不同”。这八个字是什么意思？我们该如何向别人解释这八个字？我认为，这八个字代表了中国传统文化的精神，其本质内涵便是“内圣外王”。平与和是出世，是内圣；不庸、不同是入世，是外王。

斯多葛主义也可以帮助我们理解这一点。竭尽所能是入世，一无所求是出世。真正的斯多葛主义者都十分注重控制自己的情绪，尤其在意外情况发生时，他们反而表现得很平静。他们心中的逻辑是：糟糕的结果已经发生，这是不可控的，我是否因此产生不好的情绪进而任由这种情绪引发连锁反应，是我可以控制的。

既过不恋，是对中华优秀传统文化的传承，是一种内圣外王的功夫。

三、当时不杂

当时不杂，就是面对当下发生的事情，不杂乱，不胡思乱想。

1.“我有三宝”

三宝即三样最有价值的东西。许多地方都有三宝，如“东北三宝”是人参、貂皮、乌拉草，“天津三宝”是狗不理包子、大麻花与（杨柳青）年画。

提到三宝，最著名的当属老子，他说："我有三宝，持而保之。一曰慈，二曰俭，三曰不敢为天下先。"

对此，南怀瑾先生的解释是："慈"，心能够养成仁慈，有慈悲心才能修道；"俭"，一切都不浪费，精神也不浪费；"不敢为天下先"，不要故意去造作。

王阳明的研究者曾说，王阳明有三宝，一曰尽，二曰得，三曰常快乐。

"尽"，就是每做一件事情都尽心尽力，竭尽所能。我们今天讲工匠精神，就是"尽"。做任何一件事情，都要尽力做到最好，遇到困难时问问自己：你尽力了吗？为什么别人能做到，你做不到？为什么去年做不好，今年还是做不好？想一想曾国藩的笨功夫，他是如何做到"尽"的？

"得"，就是有心得，有诀窍。我们参加了各种学习与考察活动，但时常是走马观花，学不来真正有价值的东西。这些有价值的东西叫"得"，有些"得"可以言传，更多的"得"只可意会，要靠自己感悟。

"常快乐"，就是做一件事情要从兴趣到乐趣，再升华到志趣。工作也好，生活也好，只有做到了"尽"，间或有"得"，才能"常快乐"。

学校的三宝是什么？我认为是文化、团队和课程。

团队与课程的重要性不言而喻，文化为什么也这么重要？因为团队与课程是文化的载体，课程可以不断更新，团队人来人往，文化的命脉却不会断。我们每一个人都被文化塑造，我们每一个人也都是文化的贡献者。

当时不杂，就是专注于自己，专注于做事，发现自己的三宝，实现自我价值。

2. 幸福的密码

2019 年 7 月，中国代表队在第 60 届国际数学奥林匹克竞赛中获得团体第一名，6 名选手全部获得金牌。事实上，自 1985 年中国代表队首次参加国际数学奥林匹克竞赛以来，中国数学天才们就多次获得团体第一名。然而另一个事实却是，在全民奥数热的当下，始终没有出现数学大师。一些奥赛选手上了大学后放弃数学，甚至出现厌学情绪。数学家丘成桐曾忧心忡忡地说，组织奥数竞赛绝对成就不了数学大国，学数学其实是在做研究，而学奥数却只是在做题。

不少在标准化考试中脱颖而出的孩子，长大之后不快乐，不幸福。我们很多老师已经开始反思，教育的目标究竟是什么。

好的教育是为了让孩子一生快乐幸福。可是，什么是幸福？经济富裕、物质条件好，就更幸福吗？财务自由，无所事事，整天度假娱乐，住豪宅开好车，就更幸福吗？

哈佛大学一门名叫“幸福课”的课程十分受学生欢迎。该课程的授课教师泰勒·本－沙哈尔（TalBen-Shahar）在其专著《幸福的方法》中，解读了人生的四种汉堡模式。

第一种是享乐主义型。这种类型的汉堡虽然好吃，却是垃圾食品。吃这种汉堡，当下很快乐，却会为未来埋下隐患。我们身边就有这样的人，他们奉行及时行乐的观点，认为“今朝有酒今朝醉，明日愁来明日愁”。

第二种是忙碌奔波型。这种类型的汉堡虽不好吃，却都是蔬菜与有机食物做成的。吃这种汉堡，当下可能很痛苦，对健康却有好处。我们身边那些牺牲自己，把希望寄托在下一代身上的家长，都属于此类。

第三种是虚无主义型。这种类型的汉堡最糟糕，既不好吃也不健康。吃这种汉堡，不仅当下痛苦，未来也要遭罪。日本动画片《樱桃小丸子》里有一个情节，小丸子在学校吃午餐时，把最喜欢的布丁留到最后。她正要开始享用时，地震发生了，真是竹篮打水一场空。

第四种是感悟幸福型。这种类型的汉堡是最理想的，既美味又健康。泰勒·本－沙哈尔的幸福课倡导的就是这种类型的人生。

我可以用下面这张图来说明泰勒·本－沙哈尔的幸福模型。画一条横轴表示当下的快乐，画一条纵轴表示未来的快乐，我们可以得到四个象限。第一象限是感悟幸福型，第二象限是忙碌奔波型，第三象限为虚无主义型，第四象限为享乐主义型。

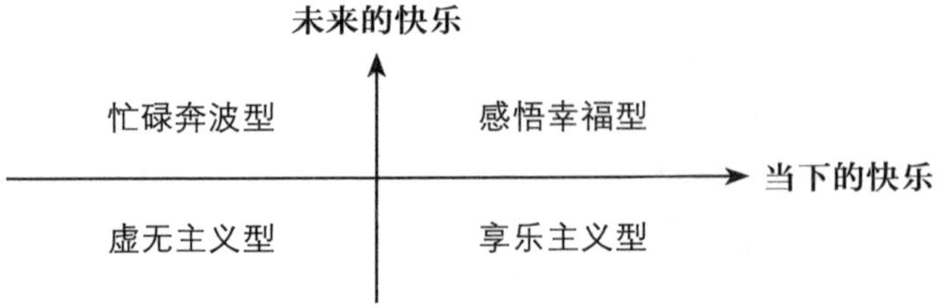

如何才能吃到第一象限的汉堡？泰勒·本－沙哈尔给出的建议是这样的。首先，当然要让自己快乐。其次，这个快乐必须是有意义的。快乐与意义两者兼备，你就是一个幸福的人。

快乐与有意义两者哪个更难？我觉得是快乐。

梁漱溟说，人这一生要处理好三种关系：人与物的关系、人与人的关系、人与自己的关系。个体心理学的开创者、奥地利心理学家阿尔弗雷德·阿德勒认为，人际关系是人一切烦恼的根源。他将人与自己之外的人与事的关系都归为人际关系。他认为一个人要想幸福快乐，就必须获得真正的自由，而要获得自由，就得成为强者。

日本社会有一个词，叫社畜，“社”指会社，也就是公司，“畜”是牲畜，合起来就是公司养的牲畜。一些上班族感觉自己像牲畜一样被压榨，便用这个词来自嘲。然而，在阿尔弗雷德·阿德勒看来，一个人的行为是他自己主动选择的结果。你可以不唯唯诺诺，你可以对上级的不合理要求说“不”，前提是你要改变自己的心智模式与生活方式，你得去处理你与自己的关系。

2018 年，我们学校的中层干部集体学习了《教学勇气：漫步教师心灵》。书中强调，优秀教学不能被降格为技术，优秀教学源自教师的自我认同和自身完善。

处理好与自己的关系进而成为强者，要经历自我认同与自我完善的过程。要做到这一点，必须具备挑战自我及改变自我的勇气。曾国藩一辈子学习的，正是这门学问。

当时不杂，就是要有勇气成为真正的强者，追求有意义的目标，享受正在做的事情，从而过幸福的人生。

3. 心存济物

1858 年 3 月的一天，曾国藩在日记中写下这样一段话：“端庄厚重是贵相，谦卑含容是贵相，事有归著是富相，心存济物是富相。”①

前两句比较好理解。“事有归著”用现代管理学的话来说，就是做事要形成闭环，有头有尾，有始有终。别人交代的事情，我们做完后要有一个回馈，让别人觉得你靠谱。“心存济物”指要关心社会，关心他人。达则兼济天下，位卑未敢忘忧国。

心理学中有一个 ABC 理论，A 指的是因，B 指的是信念，C 指的是果。A+B=C。这个理论与斯多葛学派的主张不谋而合。接受不可控的部分，改变可控的部分。我们对一件事情的看法决定了我们的情绪，因不可控，信念可控，因此，同样的因会有不同的果。

如何确定我们所做的事情是有意义的？“心存济物”是一个很好的标准。

2019 年暑假我去山东省青岛二中调研学习。青岛二中是青岛最好的高

① 常峰瑞. 曾国藩相人术 [M]. 北京：中央编译出版社，2012: 15.

中之一。孙先亮校长介绍了学校的德育创新做法——在评价体系中加入一个贡献度的指标，即一个人对他人、对社会有多少贡献。孙校长说，有一些学生成绩很优秀，但贡献度不够，因此拿不到推优的资格。

从大的方面来说，一个人的存在是否有意义，就在于其是否有贡献。企业界有一句口号，叫“基业长青”。如果一家企业垄断市场，利润极高，它能长青吗？不可能。因为它没有做到“心存济物”，没有富相。管理学大师彼得·德鲁克（Peter F. Drucker）认为，企业是社会的器官。企业的目的不应仅仅是追求利润最大化，也应肩负让社会变得更美好的责任。这才是企业存在的意义。

很多学校都希望掐尖。最好的学生集中在一所学校，自然能够成就学校，成就教师。然而，优秀的学生毕竟是少数，大部分学生都很普通。教育者应该关注的，恰恰也是“心存济物”。我们应该关注为社会做了多少贡献，帮助多少原本普通的学生走向优秀。

当时不杂，就是“心存济物”，考虑如何为社会做贡献。

四、未来不迎

未来不迎，就是对未来发生的事情不迎合，不妄想，不妄为。

1. 不确定

历史上的很多英雄人物，是碰巧成为英雄的。比较典型的是《水浒传》中的武松，他以为店家欺骗他，直到一只老虎跳出来，他才知道店家说的是真的。他心中暗暗叫苦，第一个念头是逃，但哪有地方可逃？无奈之下，他只好硬着头皮，挥起哨棒，拼了，没想到一下子成了打虎英雄。

今天我们处在一个黑天鹅事件频发的时代。我们批评应试教育不是面向未来的教育，因为应试教育训练的是学生处理确定事件的能力，然而未来是不确定的。一个善于管理不确定事件的人，才是真正的高手。

中国人常说“有心栽花花不开，无心插柳柳成荫”。社会学中的概念“非期然后果”与之对应，指那些不符合期待的结果。近代科学史上“非期然后果”的例子有很多，如口香糖、微波炉、青霉素、心脏起搏器等。社会生活中也有类似的例子。人们结婚的时候当然不会想要离婚，离婚是结婚的“非期然后果”。

各行各业都在呼唤创新，而创新往往是“无心插柳柳成荫”。常规道路走不通时，人们没有办法，只能另辟蹊径。2019 年平和的三年级生日庆祝活动碰到难题：整个年级人数比较多，学校大剧场容纳不了所有人。无奈之下，我们只能将学生安排在两个会场，一部分学生在大剧场，一部分学生在体操馆，两边同步直播。结果活动效果非常好，各方评价很高。本是被动之举，却产生“非期然后果”，也为今后举办更大规模的活动积累了经验与信心。

面对不确定，我们秉持的态度就是不犹豫。“犹”代表过去，此身犹在，言犹在耳；“豫”通“预”，预言，预测，代表未来。又惦记着过去，又惦记着未来，前怕狼后怕虎，患得患失，这就叫犹豫。太想着“迎”，便会犹豫。

未来不迎，就是拥抱不确定，接受“非期然后果”。

2. B 计划

如何拥抱不确定？禅宗的回答是该怎样就怎样，按原计划进行。如果出现黑天鹅事件，原来的计划（A 计划）无法实施，就实施另一个计划（B 计划）。

中国人有个说法，叫“不成功，便成仁”。成功是 A 计划，成仁是 B

计划。斯多葛学派的A计划是，做事全力以赴，争取最好的结果。但如果天不遂人愿呢？那就执行B计划——平静地面对并接受最坏的结果。“本来无一物，何处惹尘埃！”

我曾经跟学校的中层团队讲弹性思维的概念。陆游有诗云：“山重水复疑无路，柳暗花明又一村。”“山重水复”，看起来没有路了，但还是往前走走，结果真的发现了路。这就有点儿弹性思维的意思了。

美国物理学家列纳德·蒙洛迪诺（Leonard Mlodinow）在其著作《弹性：在极速变化的世界中灵活思考》中，讲到培养与运用弹性思维的三个方法：当个新手、容忍拖延与放纵疯狂。有经验的人有时会陷入固有思维，新手面对不同见解时则会主动思考，因此，我们有时要回到初心，学习当个新手。拖延症患者有时候白白浪费时间，什么事也不做，但他们放空大脑后，偶尔就会冒出一些奇思妙想来，因此我们要容忍拖延。有些奇思妙想一开始让人感觉很疯狂，然而著名数学家、经济学家约翰·纳什（John Nash）说，疯狂与灵感同源，因此，我们要适当地放纵疯狂，也许“非期然后果”就会出现。

普希金有一首著名的诗《假如生活欺骗了你》：

假如生活欺骗了你，
不要悲伤，不要生气！
忧郁的日子里要沉住气：
相信吧，快乐的日子就将来临。

心里憧憬着未来，
而现实总是忧郁：
一切都是瞬息，一切都会过去，

而逝去的将会是美好的回忆。[①]

未来不迎，就是总有 B 计划。假如生活欺骗了我，我还有 B 计划，B 计划让我变得更坚强。

3. 大视野

我曾在一次偶然的情况下看了一部老电影《卡萨布兰卡》。这部 80 年前首映的电影是黑白片，无论是场景还是镜头都比较原始。我们今天看 20 世纪 80 年代的很多港台片，都忍不住觉得幼稚，但这部《卡萨布兰卡》却不同，我不但饶有兴致地看完，还在评分栏打了满分 10 分。与今天很多烂片相比，这部电影绝对称得上经典。

很多人不知道的是，一直到开机拍摄的时候，这部电影的制片人仍然没有确定剧本的结尾。按照编剧和导演的想法，男主角里克与女主角伊尔莎两情相悦，最后应该一起远走高飞。但是美国在 1930 年出台了一部电影审查法案《海斯法典》，其中有 12 条禁令，包括不能亵渎神灵、不能直白地表现谋杀的手段、不能渲染不纯洁的爱情等。伊尔莎与里克相爱之前，是有夫之妇，审查委员会不能允许这样的结尾。万般无奈之下，剧组只能把结尾改为里克把自己的通行证让给了伊尔莎的丈夫。电影中，里克深爱着伊尔莎，但他理智地放弃了这段感情，正所谓“相濡以沫，不如相忘于江湖”，结果反而成就了这部世纪经典。美国电影协会后来评选百部爱情电影，《卡萨布兰卡》排在第一位。

故事还没有结束。美国音乐人伯蒂·希金斯（Bertie Higgins）在看了

① 普希金. 普希金抒情短诗集 [M]. 桑卓，译. 成都：四川文艺出版社，2013: 65.

《卡萨布兰卡》后如痴如醉。感动之余，他即兴创作了一首歌，同样取名《卡萨布兰卡》。他将这首歌唱给未婚妻听，未婚妻听后十分感动，就答应了他的求婚。直到今天，这首《卡萨布兰卡》在很多情歌榜单上都排在前十名。

黑格尔曾说过，一个有远大志向的人，必须如歌德所说，知道限制自己。反之，什么事都想做的人，其实什么事都做不成。

一个有大视野的人，知道人生处处都是限制，但限制照样能成就经典。比如我们从小背诵的唐诗中有许多千古名句流传至今，已成为中国人血脉的一部分。然而无论是绝句还是律诗，都有严格的格律要求，这种格律要求在文化的长河中闪耀着艺术之美。

对我们每一个人而言，限制属于不可控因素，不可控的事情我们暂且将其放在一边，无须烦恼。我们每做出一个选择，就放弃了无数个选择。小时候我们总觉得自己有无限的可能性，年纪大了才知道不可控之事越来越多。然而在有限的、可控的空间里，我们依然可以有无限的创造力。即便戴着镣铐，我们依然可以跳舞。

未来不迎，是因为我们有大视野，知道限制是人生的一部分，限制也能带来精彩。

五、偶遇原来是重逢

2019 年暑期我去青岛考察。在去青岛的飞机上，我阅读了一本科普书籍《给忙碌者的天体物理学》。作者很有意思，在正文开始之前先写了一句话："宇宙没有义务让你理解。"①

我在青岛的住处离海边很近，但因为日程安排很紧，我只是在第二天的清晨到海边转了转。旭日初升，我经过一片花丛，看到碧海蓝天，听到涛声阵阵。那一刻，我仿佛被唤醒了记忆，似乎自己小时候在海边长大，是海的孩子。我想起一句话：所有的相遇都是久别重逢。大海仿佛在问我："归来吗？"我心中惊慌，匆匆离开。那几天，青岛国际啤酒节如火如荼，我没有去品尝。在回去的航班上，我写了一首词。

旭日东方红，碧海蓝天过花丛。阵阵涛声催我去。微风。偶遇原来是重逢。

磨剑十年功，齐鲁英才志不同。旧校老区新面目。匆匆。琴岛城中麦香浓。

写完这首词，想起那阵阵涛声，我还是心绪不平。披头士乐队有一句经典歌词："一定发生了什么事情，到底是什么事儿还说不清。"

宇宙没有义务让我们理解，生活也是。人生漫漫，每个人都需要明灯指引。"既过不恋，当时不杂，未来不迎"，我们一起努力点亮这三盏灯，相互照应着，在摸索中奋勇前行。

（2019 年 8 月）

① 泰森. 给忙碌者的天体物理学 [M]. 孙正凡，译. 北京：北京联合出版公司，2018: 8.

后 记

一转眼，我做校长已满八年了。

我在不惑之年走上校长岗位，八年下来，已近知天命之年。然而教育乃“十年树木，百年树人”之大业，八年的时间实在很短，我为学校发展打下的根基还很有限。

在 2021 年学校新教师培训的总结会上，我对所有新入职的教师说，选择教育行业，就要有“板凳坐得十年冷”的心态。不能着急，不能急躁，就像种一株花，做完你所能做的，培土、施肥、除草、浇水，然后静待花开。一所百年学校，要靠几代人辛勤耕耘，才能厚积薄发，枝繁叶茂。

这些年我出版的书籍，都是日常积累的结果：平时工作的记录，学校管理的心得，各种场合的演讲。刚做校长那几年，我将感悟汇集成《40 岁，开始学做教育》，后面几年我对学校管理有了一些更深刻的理解，便出版了《学校管理的本质》。这本《教育只有一个主题》是近些年的思考，随着阅历的增长、年岁的提升，我对教育又有了一些新的不同的体悟。

无论时代如何变化，教育只有一个主题，那就是丰富多彩的生活本身。生活有多宽广，教育就有多宽广。生活有多复杂，教育就有多复杂。生活如何变化，教育就如何变化。生活是怎样，教育就是怎样。

感谢源创图书的创始人吴法源先生，本书是我的第十本专著。没有他的鼓励，我是否会经年累月地做这些积累，殊未可知。

感谢源创图书的编辑王莹女士，她在本书的出版过程中做了很多工作，提出了诸多细致中肯的建议。

还要感谢上海市民办平和学校的青年教师瞿逸冰，她具备很好的文字功底以及很扎实的学术能力，协助我做了很多后期的编辑校对工作。

感谢所有在我成长过程中给予我帮助的人。

2022 年 4 月

图书在版编目（CIP）数据

教育只有一个主题 / 万玮著 . -- 北京：中国人民大学出版社，2022.8

ISBN 978－7－300－30901－9

Ⅰ. ①教… Ⅱ. ①万… Ⅲ. ①教育研究—中国 Ⅳ. ①G52

中国版本图书馆 CIP 数据核字（2022）第 139223 号

教育只有一个主题

万玮　著

Jiaoyu Zhi You Yi Ge Zhuti

出版发行	中国人民大学出版社		
社　　址	北京中关村大街 31 号	**邮政编码**	100080
电　　话	010－62511242（总编室）		010－62511770（质管部）
	010－82501766（邮购部）		010－62514148（门市部）
	010－62515195（发行公司）		010－62515275（盗版举报）
网　　址	http://www.crup.com.cn		
经　　销	新华书店		
印　　刷	北京华宇信诺印刷有限公司		
规　　格	168 mm × 239 mm　16 开本	**版　　次**	2022 年 8 月第 1 版
印　　张	11.25　插页 1	**印　　次**	2023 年 3 月第 2 次印刷
字　　数	160 000	**定　　价**	58.00 元

版权所有　侵权必究　印装差错　负责调换